山东工商学院法学文库（8）
总主编　张献勇　夏凤英

刑事瑕疵证据的实证研究与理论阐释

胡忠惠　邓陕峡　著

中国人民公安大学出版社
·北　京·

图书在版编目（CIP）数据

刑事瑕疵证据的实证研究与理论阐释/胡忠惠，邓陕峡著. —北京：中国人民公安大学出版社，2014.6

（山东工商学院法学文库/张献勇，夏凤英总主编）

ISBN 978-7-5653-1778-1

Ⅰ.①刑… Ⅱ.①胡… ②邓… Ⅲ.①刑事诉讼—证据—研究—中国 Ⅳ.①D925.213.4

中国版本图书馆 CIP 数据核字（2014）第 114674 号

山东工商学院法学文库（8）

刑事瑕疵证据的实证研究与理论阐释

胡忠惠　邓陕峡　著

出版发行：中国人民公安大学出版社
地　　址：北京市西城区木樨地南里
邮政编码：100038
经　　销：新华书店
印　　刷：北京蓝空印刷厂

版　　次：2014 年 6 月第 1 版
印　　次：2014 年 6 月第 1 次
印　　张：6.75
开　　本：880 毫米×1230 毫米　1/32
字　　数：182 千字

书　　号：ISBN 978-7-5653-1778-1
定　　价：35.00 元

网　　址：www.cppsup.com.cn　www.porclub.com.cn
电子邮箱：zbs@cppsup.com　zbs@cppsu.edu.cn

营销中心电话：010-83903254
读者服务部电话（门市）：010-83903257
警官读者俱乐部电话（网购、邮购）：010-83903253
法律图书分社电话：010-83905745

本书是2011年度教育部人文社科规划基金项目（11YJA820028）的最终成果。

总　序

山东工商学院（原中国煤炭经济学院）法学专业教育始于1993年。当年，学校首批招收了经济法专业专科学生。1999年，法学专业本科学生首批招生。在法学专业创办20年即将到来之际，我们拟以法学学科和专业教师的博士学位论文和国家社会科学基金项目、省部级科研项目为基础，推出“山东工商学院法学文库”。旨在展示山东工商学院法学研究成果，传播法学学术思想，为推动我国法学理论创新和指导法治建设实践尽绵薄之力。

“山东工商学院法学文库”能够面世，得益于山东工商学院对学科建设的高度重视。早在1999年，宪法学与行政法学就被确定为学校重点建设学科。经过努力，宪法学与行政法学又先后获批为山东省“十五”和“十一五”重点建设学科。2009年，宪法学与行政法学被学校列为校级强化建设学科，经济法学被列为校级重点建设学科。学校对法学学科的重视和支持，极大地调动了教师学科建设的积极性，也为本文库的顺利出版提供了有力的物质保障。

目前，法学学科点共有专业教师34人，其中教授7人，副教授13人，具有高级职称的教师占全体教师的比例为59%。拥有博士学位的教师7人，在读博士5人，博士和在读博士占全体教师的比例达到35%。已经形成了一支方向稳定、结构合理、治学严谨、勤勉上进的学术队伍，特别是青年教师崭露头角，具有良好的研究潜力，实乃一件幸事。

法学学科点始终坚持以教学为中心，教学设施不断完善，教学改革扎实推进，教学质量稳步提高。建设了高标准的模拟法庭实验室，图书馆相关藏书丰富，建成了资料室和微机室。按照应用型人才培养要求，依据学科优势和学校特点，实施精细化、分方向人才培养模式改革，即在新生入学之始就为其确定 4 年就读期间的专业指导教师，在高年级分宪法行政法和民商经济法两个专业方向实施教学。法学专业曾被评为学校优秀专业，1 个教学团队被列为校级教学团队，1 门课程建成了省级精品课程，3 门课程建成了校级精品课程。主编教材 7 部，分别由法律出版社、北京大学出版社、中国民主法制出版社等出版，其中 1 部获得山东省普通高等学校优秀教材一等奖。1 项教学成果获得山东省高等教育优秀教学成果三等奖。4 篇论文被评为山东省优秀学士学位论文。截至 2011 年，已累计为社会培养法学本专科毕业生 3000 多人，得到了用人单位的普遍好评。他们正在各自的工作岗位上为法治建设增砖添瓦，为推动社会进步和实现公平正义发光发热。

法学学科点十分注重科学研究和学术交流，近年来，共主持国家社会科学基金项目 4 项，教育部人文社会科学研究项目、司法部法治建设与法学理论研究项目等省部级研究项目 40 多项，获得山东省社会科学优秀成果奖等各类奖项 30 余项，出版专著 20 余部，在《中国法学》、《法商研究》等重要学术刊物发表论文 110 余篇，取得了较为丰硕的研究成果。学科点先后邀请 50 多位知名学者来校讲学或指导，派出多名教师参加国内外重要学术会议，先后承办了 2001 年中国法学会行政法学研究会年会、全省建设“平安山东”法治理论研讨会、2010 年山东省法学会宪法学研究会年会、2011 年山东省法学会财税金融法学研究会年会等学术会议，学术影响逐步扩大。

我们深知，我校法学学科和专业建设起步较晚，虽然取得了一定的成绩，但与国内一流法律院校相比还有不小的差距。我们期望在我国实行“依法治国、建设社会主义法治国家”的进程中，借由本文库的出版，推动我校法学学科建设和专业建设水平的进一步提高。

最后，感谢中国人民公安大学出版社对本文库的出版给予的宝贵支持。

张献勇

2011 年 11 月 10 日

目 录

导　论

一、刑事瑕疵证据问题的提出

刑事诉讼法是确定并实现国家对于具体刑事案件中被告人刑罚权的程序规范，具体刑罚权存在与否，包含事实认定与法律评价两部分。在刑事诉讼领域，查获犯罪行为人并对其施以刑事制裁是刑事诉讼程序设计的驱动性目标，认定案件事实在刑事诉讼活动中具有较高的价值。自近代以来，证据裁判原则成为刑事诉讼普遍奉行的原则，许多国家和地区的刑事诉讼法或证据法均有相应的规定。① 现代法治国家的刑事诉讼中，尤其是采取自由心证主义的国家，必然严格依照证据裁判原则。只有自由心证主义和证据裁判主义相互支撑，才能防止冤假错案，保障公民的基本权利。时至今日，证据已成为事实认定最重要的证明手段，依据证据对纠纷事实进行裁判已成为常态。证据这一法律范畴被各类诉讼视为维系裁判公正性与合理性的唯一纽带，成为沟通程序规范与实体规范的桥梁。刑事诉讼中，对证据的追求成为侦查机关的主要任务之一。

但是并非所有的证据材料都具备证明的能力，具有法律上的证据资格。基于政策或其他价值因素的考量，各国和地区立法对某些通过不合法手段取得证据的资格加以限制，将其予以排除适用，即所谓

① 如我国台湾地区“刑事诉讼法”第154条第2款规定：“犯罪事实应依证据认定之，无证据不得认定其犯罪事实。”《日本刑事诉讼法》第317条规定：“认定事实，必须依据证据。”

“非法证据排除规则”。“无证据能力、未经合法调查之证据，不得作为判断之依据。”[①] 这里的证据能力即证据资格，“证据必须先有证据能力，即须先为适格之证据，或可受容许之证据，而后始生证据力问题。无证据能力，则根本不予容许为证据”。[②] 换言之，某一证据材料要成为证据，仅具有证明力是不够的，还必须为法律所允许才具有证据能力。只有满足法律关于证据能力所有要件的证据材料，才具有证据的资格，才可以作为证明案件事实的依据。如果说证明力属于经验和逻辑范畴的话，证据能力则属于法律问题，是法律为所有证据进入法庭审判程序或作为认定事实依据所设定的条件和资格。

无论是普通法系国家还是大陆法系国家，证据一般都被划分为合法证据和非法证据，二者之间是非此即彼的关系。在考量非法证据的资格上，通常的做法是：对于非法言词证据较为严格，除非有例外规定，一律予以排除，不能作为证明案件事实的依据；对于非法获得的言词以外的证据，则采用相对排除，赋予法官自由裁量权，依据一定的标准裁量其能否适用认定案件事实。[③] 但在我国司法实践中，非法证据和合法证据之间存在“灰色地带”，有人将这“灰色地带”称为瑕疵证据。[④]

2010 年 6 月 13 日，最高人民法院、最高人民检察院、公安部、国家安全部和司法部联合出台《关于办理死刑案件审查判断证据若干问题的规定》（以下简称《死刑案件证据规定》）和

① 我国台湾地区“刑事诉讼法”第 155 条第 2 款之规定。

② 李学灯：《证据法比较研究》，台湾五南图书出版公司 1993 年版，第 465 页。

③ 有关非法证据排除规则的详尽研究，参见杨宇冠：《非法证据排除规则研究》，中国人民公安大学出版社 2002 年版；张智辉：《刑事非法证据排除规则研究》，北京大学出版社 2006 年版；郑旭：《非法证据排除规则》，中国法制出版社 2009 年版。

④ 参见施燕华：《论刑事诉讼中瑕疵证据的转化》，上海交通大学 2007 年硕士学位论文，第 1 页。

《关于办理刑事案件排除非法证据若干问题的规定》（以下简称《非法证据排除规定》），合称“两个证据规定”，首次在规范层面上提出“瑕疵证据”概念，对司法实践中的证据“灰色地带”予以确认与规制。2012年《刑事诉讼法》在总结近年来司法改革经验的基础上，充分吸收“两个证据规定”的主要内容，对证据制度进行了较大幅度的完善。根据《刑事诉讼法》的相关规定，最高人民法院在2012年12月公布司法解释，吸收和完善“两个证据规定”有关瑕疵证据的相关内容，用多个条款规定了瑕疵证据的审查、补正与合理解释，这些规定可以统称为“瑕疵证据规则”。瑕疵证据规则的确立，打破了原有将证据仅划分为非法与合法的“二分法”局面，也不再遵循排除或采纳这种全有或全无的规则，而是在合法证据与非法证据之间规定了瑕疵证据，并对特定的瑕疵证据采取补正或合理解释的处理方式，丰富了传统证据理论，拓展了排除规则的理论和实践。

理论界自提出瑕疵证据问题以来，一直存在争论。立法规范确立瑕疵证据规则后，亦给司法实践带来些许困惑。笔者尝试从分析瑕疵证据规则的文本入手，探寻立法者意欲赋予其的历史使命，并结合实证观察，对瑕疵证据制度进行深入细致的分析与研究。

二、刑事瑕疵证据的研究现状

（一）国（境）外研究现状

无论是英美传统证据理论还是大陆法主流证据理论都找不到与“瑕疵证据”等同的对应概念，但也不能断言，瑕疵证据就是我国证据学理论上的独创。实际上，瑕疵证据制度与国外非法证据排除中的裁量排除制度有相似之处。

早在20世纪初，美国Cardozo法官就提出，“证据不得任意排除，否则岂不是因警察的一时疏忽，而让罪犯逍遥法外”。[1] 英国

① People v. Defore, 160N.E.（1926）p.578.

学者认为，“不能根据取得证据的方式不合法而将具有关联性或可采性的证据排除在外，否则将导致无法指控犯罪”。日本学者也认为，对于某些物证，即使收集程序违法，证物本身的性质及形状也不会发生变化。“当证据瑕疵轻微，违法性不严重时，并不影响扣押物的证据能力。”① 因而基于惩罚犯罪与保障人权的平衡，许多国家对于非法手段获取的证据并非一律排除。

对于在何种情形下允许适用违法证据，美国学者 Kaplan 曾提倡“严重犯罪的例外”，主张“对最严重的犯罪，如叛国、间谍、杀人、武装强盗、组织犯罪之绑架等类型，原则上完全不适用证据排除法则”。② 换言之，当犯罪的严重性超过警察违反程序的严重性时，可以适用违法证据。但这种学说因严重犯罪划分标准存在分歧，以及有可能鼓励警察在此类犯罪中不遵守程序的担忧而受到批评。目前，大多数国家采用“裁量排除主义”，除法律强制排除外，其他违法证据的证据能力由法官自由裁量，允许法官通过比较衡量证据排除结果所产生的利弊，具体确定是否应当排除。在非法证据排除规则诞生地的美国，判例和理论均认为，创设非法证据排除规则的初衷，主要是为了抑制警察以侵犯公民宪法性基本权利的方式来取证的严重违法取证行为，而不是针对一般的程序性违法取证行为。如果警察的取证过程虽然违法，但并未侵犯公民的宪法性基本权利，而仅仅属于违反警察机关的内部规则或一般性的操作程序（技术违法、轻微违法），便未必需要排除该证据。③ 英国《警察与刑事证据法》第 78 条规定，“如果法院认为，对该证据的采纳将对程序的公正性产生如此的影响以至于法院不应当采纳证据

① ［日］土本武司：《日本刑事诉讼法要义》，董璠兴译，台湾五南图书出版公司 1998 年版，第 398 页。

② 王兆鹏：《美国刑事诉讼法》，北京大学出版社 2005 年版，第 35 页。

③ 黄朝义：《论证据排除法则》，载朱朝亮等主编：《刑事诉讼之运作》，台湾五南图书出版公司 1997 年版，第 129 页。

时，法院可以拒绝采纳该证据”。[①] 在发现事实真相和程序公正的价值选择中，德国法院明显偏向于前者，认为某些证据本身并没有受到非法行为的污染，倾向于采用某些非法取得的证据。司法实践中，即使证据符合排除条件，法官也会用“利益平衡”的原理采纳违法所得证据，他们认为如果不采纳，会对发现事实真相造成损失。[②]

在大多实行裁量排除的国家和地区，法律一般不规定法官裁量权的范围，也不对裁量排除的具体情形作出限制，而是授权法官根据具体案件综合判断。至于法官如何判断违法程度，取决于一国刑事诉讼价值优位的选择。日本学者认为，“瑕疵是否轻微，应当综合瑕疵的内容、被疑案件的罪质及轻重、被扣押物品人的诉讼地位、侵害被扣押人权利的程度等，就具体案件分别作出判断”。[③] 加拿大最高法院在1987年对Collins一案的判决中，归纳出法官确定是否应排除非法证据时需考虑的因素：“审判的公正性；侵犯权利的严重性；排除证据后的结果。”[④] 我国台湾地区2003年修改“刑事诉讼法”时，认为法官于个案权衡时，允宜斟酌违背程序之情节、主观意图、权益之种类及轻重等七个因素。[⑤] 由于历史传统、制度背景、文化理念等不同，不同国家和地区法官进行权衡取舍时考虑的价值因素各有侧重。

---

① ［英］麦高伟：《英国刑事诉讼法》，姚永吉译，中国政法大学出版社2001年版，第320页。

② 参见［德］克劳思·罗科信：《刑事诉讼法》，吴丽琪译，法律出版社2003年版，第214~233页。

③ ［日］土本武司：《日本刑事诉讼法要义》，董璠兴译，台湾五南图书出版公司1998年版，第398页。

④ 参见陈瑞华：《比较刑事诉讼法》，中国人民大学出版社2010年版，第176页。

⑤ 参见林辉煌：《发现真实与人权保障之实践与省思》，载《法令月刊》2010年第5期。

西方国家对于可裁量排除的证据大多采取“排除或适用”的规则，没有第三种选择。法院一般不会给予公诉方补救违法证据的机会，更不会在审判阶段允许侦查人员重新收集证据或者补充制作案卷笔录。但少数大陆法系国家也存在尽力纠正先前发生的程序错误，从而挽回有争议的证据的情形。例如，侦查法官忘记告知被告人的配偶其具有免证特权，审判法庭可以告知其这一内容，之后再从被告人的配偶处获得可以采纳的陈述；法院甚至认为在证人被告知其权利后果后如果征得其同意，在上述情形下可以提交先前的陈述。①

（二）我国研究概况

我国有关瑕疵证据问题的研究，总体上尚处于起步阶段。早期的许多文章没有区分瑕疵证据与非法证据、违法证据等概念，而是将瑕疵证据等同于非法证据。有学者提出：“瑕疵证据有广狭义之分。从广义上讲，它既包括在内容上存在缺陷的证据，也包括在表现形式上存在缺陷的证据，还包括在收集程序和方式上存在缺陷的证据。从狭义上讲，它可以是指上述三种有缺陷的证据中的一种。”“一般而言，以暴力、胁迫、利诱、欺诈、违法羁押等不正当方法收集的被告人供述、被害人陈述、证人证言等言词证据，以及以违反法定程序的方式（如违反法定程序进行搜查、扣押、勘验等）收集的实物证据，都属于本文所说的瑕疵证据的范围。”②“瑕疵证据广义上包括非法取得的证据和表现形式不合法的证据。”③“瑕疵证据是指有缺陷的证据。包括：一是内容有缺陷或是

---

① 参见［德］托马斯·魏根特：《德国刑事诉讼程序》，岳礼玲、温小洁译，中国政法大学出版社 2004 年版，第 200~201 页。

② 申夫、石英：《刑事诉讼中“瑕疵证据”的法律效力探讨》，载《法学评论》1998 年第 5 期。

③ 参见黄海威、朱东进：《瑕疵证据的证据能力》，载《杭州商学院学报》2003 年第 4 期。

虚假的证据。二是表现形式上有缺陷的证据。三是提供的主体不合法的证据。四是侦查、检察、审判人员违反法律规定的权限、程序或用其他非正当的方法收集的，能够证明案件真实情况的事实，即狭义的瑕疵证据。"①

之后，有学者开始对非法证据与瑕疵证据作出区分，"瑕疵证据与非法证据在法律逻辑学意义上并非同一个概念"。"瑕疵证据是客观存在的事实，反映案件真相，而且瑕疵证据与案件事实之间存在关联性；而非法证据中包含了实体不合法的证据。"②"瑕疵证据是指取证的主要程序、手段、方法合法，仅在某些环节上存在一定的缺陷或轻微的技术性违法，未侵害犯罪嫌疑人、被告人相关权利所获得的证据材料。"③ 上述文章在一定程度上正确反映了瑕疵证据的性质。"两个证据规定"出台后，瑕疵证据的概念得到正式确认，其含义已基本达成共识，"所谓瑕疵证据，是指在法定证据要件上存在轻微违法情节（俗称"瑕疵"或"缺陷"）的证据"。④ 瑕疵证据的本质在于获取证据的违法程序的轻微性，即因取证存在轻微违法而导致证据存在瑕疵。

有关瑕疵证据的适用问题，主要有真实肯定说⑤、不予采纳

---

① 吴月丹、陈宝琨：《对瑕疵证据不能一刀切》，载《检察日报》2009年7月13日第3版。

② 参见吴延溢：《刑事诉讼中瑕疵证据的界定与排除规则》，载《广西社会科学》2008年第5期。

③ 韩旭：《刑事诉讼中不规范证据的处理》，载《成都大学学报（社会科学版）》2008年第2期。

④ 万毅：《论瑕疵证据——以"两个证据规定"为分析对象》，载《法商研究》2011年第5期。

⑤ 参见戴福康：《对刑事诉讼证据质和量的探讨》，载《法学研究》1988年第4期。

说[①]、区别对待说[②]、转化说[③]等。《死刑案件证据规定》首次从规范层面上肯定了“转化说”，认为瑕疵证据不得直接作为认定案件的依据，能否作为证据使用取决于补正或合理解释的情况。自此，出现许多对瑕疵证据规则理解适用的解释文章，也多有提及瑕疵证据的补救问题。“基于刑事诉讼人权保障的目的，如果侦查机关取证程序严重违法抑或证据基本要件等存在重大缺陷，固然不得不‘忍痛’将其排除。但是，如果证据仅仅是存在某种轻微违法情节（即“瑕疵”），在法政策上具有某种可容忍性，且其违法性可通过一定方式予以‘修补’（补正）或‘稀释’（合理解释）”……“一般可通过下列方式对瑕疵证据予以补正：当事人同意、补强证据、补充证据。”[④]“瑕疵证据的补正只是解决了证据能力问题，而不是证明力问题。所以经过补正的瑕疵证据并不意味着可以直接作为定案根据，是否能成为定案根据，还要由法官进行证据的真实性、证据之间是否一致、是否存在矛盾的审查以及证明力大小的判断，经查证属实才能成为定案根据。”[⑤] 学者们探讨了瑕疵证据通过一定补救方式消弭其违法性，即可挽救该证据，使其具备证据能力。

刑事瑕疵证据问题的研究已经成为近几年的热点话题，自从瑕疵证据概念被立法确立之后，更是涌现出大量的研究成果，揭示瑕疵证据规则在立法上的正当性与不足。到目前为止，这些成果大多

---

① 参见许江涛：《试论刑事诉讼中的瑕疵证据》，载《洛阳师范学院学报》2002 年第 4 期。

② 参见林喜芬：《非法实物证据的排除模式：利益权衡与客观化基准》，载《犯罪研究》2009 年第 1 期。

③ 参见任华哲、郭寅颖：《论刑事诉讼中的瑕疵证据》，载《法学评论》2009 年第 4 期。

④ 万毅：《论瑕疵证据——以“两个证据规定”为分析对象》，载《法商研究》2011 年第 5 期。

⑤ 纵博：《刑事诉讼中瑕疵证据补正的若干操作问题研究》，载《现代法学》2012 年第 2 期。

以论文的形式发表观点，还没有专门研究瑕疵证据的著作。有的著作仅把瑕疵证据作为非法证据裁量排除的一个方面加以研究，未将其作为一个独立的、重要的问题给予足够的重视。并且，关于瑕疵证据问题的研究范式大多从理论规范层面对瑕疵证据规则进行分析，这种研究范式立足于瑕疵证据规则的法治化，其积极意义不言而喻。但这种研究范式忽视规范的实效，对实践关注不多，鲜有对刑事瑕疵证据问题进行实证调查的文章，也缺乏在占有大量第一手资料、数据的基础上发现问题、解决问题的对策研究。瑕疵证据规则虽具有立法上的突破与创新，但只是抽象的概念与静态的法律规范，它在实践中的具体运行状态如何却需要进一步关注。只有对中国司法状况了解得越深入，才能对瑕疵证据规则运行中出现什么问题把握得越准确，才能对规则的合理性与正当性以及存在问题的分析和解决拥有更大的发言权。

三、本书的研究思路与研究方法

“法学研究中的几乎所有问题，在一定程度上都是研究方法的问题。”① 法学研究过程，是多种方法综合运用的过程，本书主要运用两条主线研究瑕疵证据问题。

一条主线为实证分析脉络。鉴于瑕疵证据问题研究缺少实证基础，本书以我国东、中、西部三地公、检、法三机关的司法实践为具体研究对象，通过对瑕疵证据规则的实际运用状况进行统计分析，评估其对我国司法的影响；找出实践中存在的问题并寻求解决对策及制度完善的方法。

基于常识的严密推理并结合定量分析是本书实证研究的重点。具体工具是各种社会调查方法和统计方法，这些方法在法学研究中的正当性已经得到普遍认可。社会科学为了克服对与研究对象有关的大量个体进行观察的困难，通过从“母集团”中按照特定的程

① 陈瑞华：《程序性制裁理论》，中国法制出版社2005年版，第1页。

序和方法抽取一定比例的“样本”作为总体的代表进行研究，建立起一整套完善和复杂的抽样方法和规则。只有通过一套规范的抽样技术抽取出具有代表性的样本，研究者才能将作为总体一部分的样本的研究结论推及总体。

最理想的方法当然是对全国法院在“两个证据规定”施行后的所有一审案件进行分析，或者以此作为基础按照随机抽样的方法抽出足够的样本进行全面调查，遗憾的是，受资源及技术条件的限制却无法做到。目前能做到的是，选取固定的几个调研对象，并从中抽样进行分析，从而得出结论。“对于实证的调查而言，受控的随机化调查仅仅是特例，研究所观察到的数据是有限的，其变化可能受到其他未确认的混杂因素的困扰。重复实验和三角测量术可弥补这一缺陷。”① 我们采用统计学的“三角测量术”方法，尽可能地接近所设定的研究目标。具体而言，我们在经济发展水平较高的东部沿海广东省D市和经济发展水平较低的西部甘肃省J市，以及中等发展水平的中部四川省C市各选择一个基层法院作为样本，对“两个证据规定”实施后的两年内，有关瑕疵证据规定运行的动态效果进行调研。我们调研的三个城市分别位于我国的东部、中部和西部，从而保证抽样区域分布的广泛性和代表性。三地的经济发达程度以及案件数量方面均存在一定的差异，这些差异的存在增强了研究样本的代表性，使研究结论具有更强的普适性。

另一条主线为理论研究脉络。在理论层面，首先通过语义分析法确定研究对象，框定研究的范围。由于研究的刑事瑕疵证据问题是一个崭新的问题，是我国立法首次提出的概念，所以，应当从法律规范入手，以立法中确定的瑕疵证据为出发点，对其进行规范解读。通过理论归纳，总结我国刑事瑕疵证据的类型，界定我国瑕疵证据的基本概念；借鉴国（境）内外相关研究，探讨刑事瑕疵证

① ［美］汉斯·采泽尔、戴维·凯：《用数字证明——法律和诉讼中的实证方法》，黄向阳译，中国人民大学出版社2008年版，第96页。

据的理论基础，探索瑕疵证据补救方法，建立中国特色的瑕疵证据规则体系。理论研究脉络以刑事瑕疵证据规则的实施状况为基础，试图透过纷繁复杂的事实与现象，提示隐藏在制度背后的深层次结构因素。

四、本书的主要内容

作为一项有现实意义的实证研究，本书始终以解决现实问题为宗旨，围绕瑕疵证据规则运行中出现的现实问题展开研究。本书内容共分六章。

第一章，刑事瑕疵证据的文本分析。这部分主要对瑕疵证据的具体规定进行解读，为进一步的实证研究提供基点。通过对法律文本中的瑕疵证据进行类型化归纳，将其分为“可补救的瑕疵证据”、“不可补救的瑕疵证据”以及“未明确规定的瑕疵证据”；总结出瑕疵证据本质上是程序违法的结果，在效力上属于证据能力待定的证据。非法证据与瑕疵证据均属于不合法证据，本书没有从概念界定入手研究瑕疵证据，而是以法律规定为切入点进行分析，通过与非法证据的文本比较，揭示出瑕疵证据的外延。“两个证据规定”和最高法《解释》规定，不影响真实性的瑕疵证据，通过补正或合理解释后可作为定案的依据。补正补救与解释补救是法定的瑕疵证据补救方式，不管是补正补救还是解释补救都离不开解释，二者不是替代关系而是共存的关系。

第二章，侦查阶段刑事瑕疵证据的实证观察。本章以《死刑案件证据规定》对瑕疵证据的规定为参照基点，对抽查的 720 个案件侦查卷中发现的瑕疵证据类型进行实然分析，重点是对瑕疵证据在侦查阶段出现的原因作出一定的解释。司法实践反馈的信息表明，瑕疵证据规则的适用效果并不理想，侦查阶段有 70.8%的案件或多或少地存在瑕疵证据。虽然“两个证据规定”实施后第二年瑕疵证据的数量比第一年有所减少，但幅度不大。侦查阶段存在瑕疵证据的原因，既有三机关各自规定的操作规程不同造成认识不一的原因；也有办案压力大导致侦查机关取证粗糙，忽视程序正义；还有辩护人不尽职的因素。同时，检察机关与法院对瑕疵证据的默认，纵容侦查机关漠视瑕疵证据问题。但是，我们也发现，瑕疵证据规则的确立对侦查机关的取证行为有一定的正面影响：部分侦查机关制作“犯罪嫌疑人、证人、被害人权利义务告知书”、“勘验、检查笔录”等格式文本供侦查人员使用，事先预防瑕疵证据的出现；同时也采取一定的措施对已经出现的瑕疵证据自行补救。

第三章，刑事瑕疵证据补救的实证观察。本章的研究对象是运行中的刑事瑕疵证据补救规则，包括瑕疵证据的补救、审查及采纳等主要环节，主要目的在于对审判阶段瑕疵证据补救的实际情况进行观察与评估，在此基础上分析瑕疵证据补救存在的问题以及原因，并对其系统性完善进行探讨。通过实证观察，审判阶段法院要求控方补救瑕疵证据的案件数量仅占存在瑕疵案件总数的7.5%。控方对瑕疵证据的补救方法主要集中在“重新制作”与“情况说明”两种；瑕疵证据在补救措施和理由普遍并不完善的情况下，仍有93.2%被法院采纳作为定案的依据，补救不能的情况极为罕见。对上述现象可以从诉讼构造、结果考核、利益驱动和规则的可操作性角度进行解释。基于上述解释，应当从建立庭审中心主义的诉讼结构、健全法官评价机制和完善瑕疵证据规则的操作程序等方面构建瑕疵证据补救的保障机制。

第四章，基于实证基础的刑事瑕疵证据界定。通过实证观察，我国瑕疵证据的产生源于实践中从证明力角度考量证据能力，反映出对具有客观性、关联性的违法证据的容忍；对于危险性不高且具有一定证明价值的违法证据通过补救措施降低或消除其危险后，可作为定案依据。瑕疵证据内涵逐渐明晰的过程也是与非法证据关系厘清的过程：求真是区分瑕疵证据与非法证据的价值取向；违法程度是区分瑕疵证据与非法证据的判断标准；`转化与排除是区分瑕疵证据与非法证据的适用后果。我国确立瑕疵证据制度，既契合了我国“报应主义”刑罚观念和求真法律文化传统，又与我国审判中笔录类证据的大量使用密切相关；是我国实体真实价值观主导下犯罪控制与正当程序博弈的结果，是对侦查取证不规范的一种实用主义选择。在瑕疵的界定标准与可操作性规范缺失的情况下，瑕疵证据的适用出现了一系列问题与风险。探讨瑕疵证据适用的风险，目的在于寻求减少瑕疵证据的路径。

第五章，刑事瑕疵证据补救的理论基础。瑕疵证据制度与国外非法证据排除中的裁量排除制度有相似之处，非法实物证据排除最重要的理论依据是“法益衡量”。在大多实行裁量排除的国家和地区，法律一般没有规定法官享有裁量权的范围，也不对裁量排除的具体情形作出规定，而是授权法官根据具体案件综合判断。我国没有对轻微违法证据能否适用归入法官自由裁量的领域，而是对刑事瑕疵证据采用“补救”的处置方式，主要是从正当程序的要求、对法官自由裁量权的限制和对侦查违法行为的制裁三个因素进行考量。在我国，检察机关作为非法证据的审查与排除主体，实际也是瑕疵证据的审查者与补救者。“两个证据规定”和《刑事诉讼法》的这一规定，突出了我国检察机关的法律监督地位，能够发挥检察官的自由裁量权，加强对侦查主体行使权力的监督；满足检察机关与法院互相配合特殊关系的需要；确保检察机关恪守客观公正的立场，强化了检察机关法律守护人的角色，校正了辩方弱势的不平衡。

第六章，刑事瑕疵证据规则体系的完善。要构建刑事瑕疵证据规则体系首先需要明确刑事瑕疵证据的范围。证据瑕疵的判断标准可以尝试从主观标准与客观标准两个方面理解，主观标准是侦查人员违背法定程序时的主观意图；客观标准则从法律规范对证据收集的规定入手，总结违反收集证据规范的瑕疵情形。其次，明确瑕疵证据的补救方式具体可包括对瑕疵的证据笔录进行必要补充、当事人事后追认、重新制作证据和作出合理解释等种类。对瑕疵证据的补救应当有一定限度，防止瑕疵证据补救的泛化。再次，瑕疵证据补救的责任主体在不同阶段主体有所不同。审查起诉阶段，检察机关主要承担对瑕疵证据的审查、发现，由侦查机关着力对瑕疵证据实施补救。在审判阶段，法院重点在于审查决定是采纳还是排除瑕疵证据，而检察机关应当对瑕疵证据的补救负有责任。最后，借鉴我国非法证据排除规则的相关程序规定，从瑕疵证据补救与审查的实际出发，设置瑕疵证据补救与审查程序，构建包括启动、审查、处理、救济环节的刑事瑕疵证据补救机制。此外，还需要从观念上强化司法人员对瑕疵证据制度的理解，通过规范侦查取证从根本上减少瑕疵证据。

第一章 刑事瑕疵证据的文本分析

近年来，侦查人员违法收集证据的行为已越来越引起人们的关注，有关非法证据的讨论可谓汗牛充栋。[①] 在早期的理论探讨中并没有把瑕疵证据与非法证据、违法证据等概念加以区分，而是等同于非法证据；司法实践中，瑕疵证据也未得到关注，法院一般将其作为合法证据采纳作为定案的依据。理论研究与司法实践对于哪些属于瑕疵证据，瑕疵证据如何处置并没有系统的认识，众说纷纭。2010年6月出台的《死刑案件证据规定》和《非法证据排除规定》对非法证据与瑕疵证据进行了区分，同时规定了瑕疵证据的审查与补救。2012年12月的《最高人民法院关于适用〈中华人民共和国刑事诉讼法〉的解释》（以下简称最高法《解释》），吸收和完善“两个证据规定”中有关瑕疵证据规范，用多个条文通过列举的方式归纳了瑕疵证据的具体表现形式。虽然这些规定不可能穷尽所有的瑕疵证据类型，但为系统认识与研究证据瑕疵提供了逻辑基础。这种研究有一定的规范依据，比纯粹的理性思辨更具客观性。任何进行瑕疵证据研究的学者，都不可能绕开现行法律和司法解释所规定的瑕疵证据规则，对这一规则的文本分析，有助于发现现行制度存在的问题并寻找问题的成因，对完善该制度具有积极意义。

① 通过“知网”对有关非法证据的文章进行统计，粗略计算共有记录4329篇。

一、文本中的瑕疵证据类型[①]

立法未对瑕疵证据进行概念界定，“两个证据规定”和最高法《解释》对司法实践中经常出现的瑕疵证据[②]情形进行了明确、列举性的规定。《死刑案件证据规定》中涉及的瑕疵证据包括瑕疵的物证、书证；瑕疵的证人证言；瑕疵的讯问笔录；瑕疵的勘验、检查笔录；瑕疵的辨认笔录、瑕疵的视听资料等。最高法《解释》列举的瑕疵证据情形与《死刑案件证据规定》基本相同，只是对瑕疵的辨认笔录未作出规定。这些规定在一定程度上与刑事诉讼法律规范相衔接，总体上看，瑕疵证据大都是侦查人员在制作相关证据笔录时存在技术性、细节性缺陷，或在法定证据要件上存在轻微违反刑事诉讼法规范的证据。要更好地理解瑕疵证据涉及的具体内容和相关程序规则，有必要对立法中瑕疵证据情形进行研究分析。对立法规定进行分析可以看出，瑕疵证据可分为“可补救的瑕疵证据”、“不可补救的瑕疵证据”以及“未明确规定的瑕疵证据”。

（一）可补救的瑕疵证据

“两个证据规定”和最高法《解释》中有多个条文采取“证据的收集程序、方式有下列瑕疵，经补正或者作出合理解释（统称

---

① 对瑕疵证据文本分析的范围主要包括2010年7月1日生效的《关于办理死刑案件审查判断证据若干问题的规定》、《关于办理刑事案件排除非法证据若干问题的规定》和2013年1月1日生效的《中华人民共和国刑事诉讼法》，以及附随新《刑事诉讼法》出台的《最高人民法院关于适用〈中华人民共和国刑事诉讼法〉的解释》中有关瑕疵证据的规定。

② 虽然理论界和有关司法解释的解答均把这些条文规定的情形称为“瑕疵证据”，但仔细观察便会发现法律规定的情形还包括“程序瑕疵”。严格地说，“程序瑕疵”与“证据瑕疵”并非同一概念，程序瑕疵主要指的是取证过程中在遵循程序方面存在一定瑕疵，瑕疵证据是程序瑕疵的结果。本书在论述时未将“证据瑕疵”与“程序瑕疵”作严格区分，均称为“瑕疵证据”。

‘补救’——笔者注）的，可以采用”这类表述。我们将采用这种表述方式的瑕疵证据称为“可补救的瑕疵证据”，即收集程序、手段或形式上虽然违法，但违法程度对其真实性影响较小的瑕疵证据。法律允许对此类瑕疵证据采取补救措施消弭其违法情节，使其具备一定的证据能力，从而作为证明案件事实的依据。当然，真实性影响较小并不意味着证据一定是真实的，而只是这类瑕疵证据被伪造、篡改的可能性较小。具体而言包括：

1. 形式欠缺的瑕疵证据

（1）证据笔录上缺少收集人、持有人或见证人的签名

《死刑案件证据规定》第 9 条第 2 款第（一）项前半部分①规定，“收集调取的物证、书证，在勘验、检查笔录、搜查笔录、提取笔录、扣押清单上没有侦查人员、物品持有人、见证人签名”。

《死刑案件证据规定》第 30 条第 2 款第（三）项后半部分规定，“辨认笔录没有侦查人员、辨认人、见证人的签名或者盖章的”。

在侦查过程中，无论是主持侦查的办案人员、物品持有人，还是勘验、检查、辨认过程的见证人，都要求在有关证据笔录或清单上签名，以保证和确认侦查过程规范化和侦查结果的真实性。一旦缺少这些人员的签名，证据笔录或清单即属于“瑕疵证据”。这些缺乏相关人员签名的证据笔录或清单，可能属于证据制作上的技术性失误，由于粗心疏漏而造成，一般不会损害证据的真实性，不足以影响证据的内容，仍然能够比较客观地反映有关案件情况。当然也可能存在事发突然，找不到见证人的情形，侦查机关在进行勘验检查时缺乏见证人在场，这种情形下收集的瑕疵证据能否采信，不能一概而论，应允许侦查人员进行解释，根据其解释是否合理进行综合审查判断。

① 同最高法《解释》第 73 条第 2 款第（一）项前半部分规定。

（2）证据笔录记载不详或制作过程不详

《死刑案件证据规定》第9条第2款[①]规定，（一）扣押清单上物品特征、数量、质量、名称等注明不详的；（二）收集调取物证的照片、录像或者复制品，书证的副本、复制件未注明与原件核对无异，无复制时间、无被收集、调取人（单位）签名（盖章）的；（三）物证照片、录像或者复制品，书证的副本、复制件没有制作人关于制作过程及原物、原件存放于何处的说明或者说明中无签名的。

《死刑案件证据规定》第9条第3款[②]规定，对物证、书证的来源、收集过程有疑问，不能作出合理解释的。

《死刑案件证据规定》第30条第2款规定，（二）没有向辨认人详细询问辨认对象的具体特征的；（三）对辨认经过和结果没有制作专门的规范的辨认笔录；（四）辨认记录过于简单，只有结果没有过程的；（五）案卷中只有辨认笔录，没有被辨认对象的照片、录像等资料，无法获悉辨认的真实情况的。

在侦查过程中，侦查人员由于疏忽大意或者对证据规则的轻视，经常发生没有完整地记载侦查过程的情形。这种记载上的疏忽或者形式上的程序违规，尽管不一定意味着侦查人员严重违反了法律程序，却属于证据瑕疵。但基于对侦查人员的基本信任，这种记录不详或制作过程不详的瑕疵，不会影响对物证、书证真实来源的判断，也不会影响物证、书证收集、提取过程完整性的判断。如果对上述瑕疵证据一律排除适用，可能会对实体真实的案件证明产生较大的负面影响。因此，在不影响证据真实性的前提下，对这些轻微程序违法或存在瑕疵的证据进行补正或合理解释，允许其作为定案的依据。

---

① 同最高法《解释》第73条第2款规定。
② 同最高法《解释》第73条第3款规定。

（3）讯问（询问）笔录存在记录上的错误或矛盾

《死刑案件证据规定》第14条第（一）项①规定，询问笔录“没有填写询问人、记录人、法定代理人姓名或者询问的起止时间、地点的；”

《死刑案件证据规定》第21条第（一）、（二）项②规定：“（一）笔录填写的讯问时间、讯问人、记录人、法定代理人等有误或者存在矛盾的；（二）讯问人没有签名的；”

侦查人员提供的讯问（询问）笔录存在记录上的错误，是侦查活动中经常发生的情况。这种错误有可能是笔误，也有可能是疏忽，虽然会令人怀疑讯（询）问过程的规范性，但对笔录内容的真实性并没有直接的影响。这类瑕疵通过侦查人员、犯罪嫌疑人或证人对讯（询）问情况的回忆与说明，可以对欠缺的部分进行补充，其真实性有一定保证。

《死刑案件证据规定》第14条第（四）项③规定：“询问笔录反映出同一时间段内，同一询问人员询问不同证人的。”

询问笔录反映出在同一时段内，同一询问人员询问不同证人的问题，显示出询问笔录记载的时间不合情理，违背基本的经验法则。一种可能是违反法律规定，一名侦查人员询问，事后另一名侦查人员补签名字时，未注意有矛盾；另一种可能确实是因为笔误造成。如果能够通过补救证明上述瑕疵仅是记录上存在笔误，排除侦查人员实施了违法侦查行为，并证明笔录真实性的情况下，可以作为定案依据。

---

① 同最高法《解释》第77条第（一）项规定。

② 同最高法《解释》第82条第（一）、（二）项规定。

③ 同最高法《解释》第77条第（四）项规定。

2. 轻微程序违法的瑕疵证据

（1）询问证人的地点、时间不符合规定

《死刑案件证据规定》第14条第（二）项[①]规定："询问证人的地点不符合规定的；"

依照法律规定，侦查人员询问证人应当在证人所在单位、住处或者证人提出的地点进行，必要时可以在侦查机关内进行。司法实践中，侦查人员将证人传唤到看守所，或者安置在某一使证人丧失人身自由的场所，然后进行询问，如王怀忠案件中，侦查人员对证人的询问几乎都是在宾馆或者招待所进行。[②] 这种询问地点上的违规操作，如果经过解释排除证人丧失陈述自愿的可能性，排除被迫作出不符合真实情况陈述的可能性，可以作为定案的依据。

《死刑案件证据规定》第28条第（二）项[③]规定："对视听资料的制作和取得的时间、地点、方式等有异议，不能作出合理解释或者提供必要证明的。"不能作为定案的根据。

视听资料是一种具有较高技术含量的证据，与其他证据种类相比，其存储的信息量大，且能连续动态地记录事件发生的过程。但这种证据也容易被剪辑、增加、删改、编辑等伪造、变造。所以对视听资料的制作时间、地点的异议，影响其真实性判断时，必须要求制作者进行合理解释或者进行补强。

---

① 同最高法《解释》第77条第（二）项规定。

② 被告人王怀忠，原系安徽省副省长。因涉嫌犯受贿罪，于2002年9月30日被刑事拘留，同年10月14日被逮捕。山东省济南市中级人民法院审理此案时，辩护人对询问证人的地点提出异议，但侦查机关未作出回应。

③ 同最高法《解释》第94条第（二）项规定。

（2）收集言词证据时没有告知诉讼权利

《死刑案件证据规定》第14条第（三）项①规定，询问证人、被害人的“询问笔录没有记录告知证人应当如实提供证言和有意作伪证或者隐匿罪证要负法律责任内容的。”

《死刑案件证据规定》第21条第（三）项②规定，讯问犯罪嫌疑人“首次讯问笔录没有记录告知被讯问人诉讼权利内容的。”

上述瑕疵的产生有两种可能，一是侦查人员已履行告知义务，但未在笔录上反映出来，只是存在记录上的疏漏；二是侦查人员没有告知证人或当事人诉讼权利义务。前一种可能事后补救比较方便，由相关人员通过回忆作出补充即可；后一种可能有待侦查人员给出合理的解释或者说明，或者经过证人、当事人同意可以追认该证据的资格。

（3）侦查主体不符合规定

《死刑案件证据规定》第20条第2款第（一）项规定，“主持辨认的侦查人员少于二人”。

主持辨认的侦查人员不少于两人与讯问的侦查人员不能少于两人一样，是为了保证辨认过程规范化和辨认结果客观性的必要要求。只有一名侦查人员主持下获取的辨认笔录，无疑为瑕疵证据。但如果通过侦查人员事后的解释保障笔录的真实性，即可采纳适用。

上述列举的情形均属于可补救的瑕疵证据，对这些没有严重侵犯公民基本权利，又能证明案件真实情况的瑕疵证据一概予以排

① 与最高法《解释》第77条第（三）项规定内容基本相同，表述略有差异：“询问笔录没有记录告知证人有关作证的权利义务和法律责任的。”这一规定中权利义务的范围比《死刑案件证据规定》中规定的“如实提供证言和有意作伪证或者隐匿罪证要负法律责任内容”范围广。

② 同最高法《解释》第82条第（三）项规定。

除，无疑会导致对犯罪惩罚的不力。所以对这类瑕疵证据经过补正或合理解释，法院审查后符合条件的可以作为定案的依据。

（二）不可补救的瑕疵证据

立法虽然规定可以采取补正或解释的方法弥补证据的瑕疵，但并非所有的瑕疵证据均能够补救，能够补救的瑕疵证据的前提条件是，该瑕疵不会影响证据的真实性。

“不可补救的瑕疵证据”因为收集程序违法而导致证据真假难辨，即便通过补救也无法保证其真实性，因此这些证据不能进行补救，直接规定不能作为定案的依据。具体如下：

《死刑案件证据规定》第 9 条第 1 款①规定：“经勘验、检查、搜查提取、扣押的物证、书证，未附有勘验、检查笔录、搜查笔录、提取笔录，扣押清单，不能证明物证、书证来源的，不能作为定案的根据。”

物证、书证是实物证据，具有较强的客观性，但也具有被动性，需要依赖一定的技术手段加以发现和固定，而固定过程往往以笔录的形式记载下来，以备事后审查监督。经审查，收集物证、书证时没有笔录，不能反映实物证据的收集过程，无法确保实物证据的真实性，不能排除伪造物证、书证的可能，这种缺陷无法补救，这些物证、书证不能作为定案的依据。

《死刑案件证据规定》第 13 条②规定：“具有下列情形之一的证人证言，不得作为定案的根据：（一）询问证人没有个别进行而取得的证言；（二）没有经证人核对确认并签名（盖章）、捺指印的书面证言；（三）询问聋哑人或者不通晓当地通用语言、文字的少数民族人员、外国人，应当提供翻译人员而未提供的。”

---

① 同最高法《解释》第 73 条第 1 款规定。

② 与最高法《解释》第 76 条规定内容基本相同，表述略有不同。

《死刑案件证据规定》第20条[①]规定："具有下列情形之一的被告人供述，不得作为定案的根据：（一）讯问笔录没有经被告人核对确认并签名（盖章）、捺指印的；（二）讯问聋哑人、不通晓当地通用语言、文字的人员时，应当提供通晓聋、哑手势的人员或者翻译人员而未提供的。"

询问证人个别进行，有利于打消证人的思想顾虑；同时证人之间不会相互干扰和影响，独立地提供证言；事后要求证人（被告人）确认核对笔录的程序规范，以保证该笔录确属其真实意思表示，这些程序是为了确保笔录的真实性。询（讯）问聋、哑人或者不通晓当地通用语言、文字的人，应当提供通晓聋、哑手势的人员或者翻译人员，保证询（讯）问顺利进行，不至于在提问或回答上产生误解，其目的也是为了保证笔录的真实性。

《死刑案件证据规定》和最高法《解释》列举的上述不可补救的违法证据，其理由不仅仅是程序上存在违法，更重要的是由于证据本身的缺陷对证据的客观性、真实性产生致命的影响，所以通过法律规定其不能作为定案的依据，将其证据能力直接予以否定。

（三）立法中未明确作出规定的瑕疵证据

《死刑案件证据规定》和最高法《解释》中明确表述可以"补正或者作出合理解释"的证据归属为瑕疵证据，这一点显然没有争议。除此之外，还有一些立法中未作出明确规定的瑕疵证据。

《死刑案件证据规定》第9条第2款第（四）项[②]规定："物证、书证的收集程序、方式存在其他瑕疵的。"也可以补救，这一"兜底规定"扩大了瑕疵物证、书证的适用范围。

兜底条款（Miscellaneous Provisions）的规定，一方面是弥补我国立法技术不成熟而造成的立法缺失，将条款中未包括的、难以包

① 与最高法《解释》第81条规定内容基本相同，表述略有不同。

② 同最高法《解释》第73条第2款第（四）项规定。

括的或者预测不到的情形，均包含到兜底条款中。目前我国法律制度和立法技术都不是很成熟，面对纷繁复杂的现实社会，立法者担心无法将具体情况一一列举，出现法律规定不周严性而无法可依。另一方面，是为司法实践中可能出现的新问题创造适用条件。法律一经制定，就具有严肃性和相对稳定性，不能朝令夕改，因此法律规范都有一定的滞后性。而社会情势具有变迁性，任何一部法律都不可能穷尽所有的法律问题，也无法预测可能出现的全部问题。所以有必要通过兜底条款，以弥补列举式立法模式之不足，这样既能保持法律的相对稳定性，又使得作为社会关系调整器的法律能够应对日益变迁的社会。就瑕疵证据而言，《死刑案件证据规定》和最高法《解释》的很多规定都还不成熟，也有很多相关问题没有纳入法律规范中，立法者将可能出现、但现在又预测不到的物证和书证存在的瑕疵情形纳入兜底条款中。如果出现一些新瑕疵证据情形，执法者可以依据法律的精神和原则，适应社会情势的客观需要，通过这个兜底条款予以解决，避免将来出现新瑕疵证据时束手无策。

另外，《死刑案件证据规定》和最高法《解释》对鉴定意见等没有规定瑕疵证据的情形，《死刑案件证据规定》第 30 条第 2 款关于可补正或解释的辨认笔录瑕疵，也未被最高法《解释》所吸纳。但这并不意味着，这几种证据的收集程序、方式和形式出现任何的违法行为，哪怕是轻微的违法，其法律后果均是该证据被视为非法证据一律予以排除。例如，辨认笔录上缺少见证人签名，其性质与前述搜查、提取笔录上缺少见证人签名的性质一样，不能因为没有作出明确规定，就认定其为非法证据，不可进行补正或作出解释。又如，侦查机关主持辨认的侦查人员如果只有一人，所获得的辨认笔录能够确定其真实性，也没必要进行排除。最高法《解释》第 90 条第 2 款第（六）项将“违反有关规定、不能确定辨认笔录真实性的其他情形”作为不能定案的证据予以排除，从这一规定反推也可以看出，某些违反辨认程序，但不影响辨认笔录真实性的瑕疵证据，不是绝对排除的对象。

对于不适用强制排除的不属于非法证据的不合法言词证据，能否将其归类为瑕疵证据，有不同的意见。龙宗智教授将其定义为除非法证据、瑕疵证据以外的第三类不合法证据："基本要素欠缺"的证据。[①] 我们认为，这类证据依然应该划归瑕疵证据的范畴。《刑事诉讼法》第 54 条及最高法《解释》有关"非法言词证据"的规定，也可以推导出瑕疵言词证据的范围。从立法宗旨分析，违反取证程序收集的证据，依据其违法程度不同可区分为非法证据与瑕疵证据。依照这一逻辑推理，当一项言词证据因违反法定程序而获取，但未达到"刑讯逼供等"或"暴力与威胁"的严重程度，不需要绝对排除时，这项不合法的言词证据，则属于瑕疵言词证据，如询问或讯问未成年人，未通知法定代理人或监护人到场的，询（讯）问笔录是非法还是瑕疵证据。最高人民法院的法官认为，"询问未成年人，其法定代理人或者相关人员未到场，违反了刑事诉讼法的相关规定，属于证人证言的收集程序存在瑕疵，但不宜绝对排除该证人证言，而是根据具体情况，允许补正或者作出合理解释。如果不能补正或者作出合理解释的，该证人证言不得作为定案的依据"。[②] 由此，立法未规定的轻微违法所获取的证据，赋予法官一定的自由裁量权，根据证据违法的具体情况作出综合判断。

二、刑事瑕疵证据的特征

通过对"两个证据规定"和最高法《解释》所列举的瑕疵证据情形进行全面的观察和类型化的分析，可以看出，瑕疵证据具有以下特性：

---

① 参见龙宗智：《两个证据规定的规范与执行若干问题研究》，载《中国法学》2010 年第 6 期。

② 张军、江必新主编：《新刑事诉讼法及司法解释适用解答》，人民法院出版社 2013 年版，第 72 页。

（一）瑕疵证据是程序违法的结果

在我国刑事司法程序中，侦查程序往往决定着被追诉人的命运。“就司法实践而言，起诉和审判都在很大程度上依赖侦查的结果。99%以上的有罪判决率，事实上是靠强有力的侦查来维系。在一定意义上可以说，真正决定中国犯罪人人权命运的程序，不是审判，而是侦查。”① 侦查程序的任务之一是获取能够证明案件真实情况的证据以支持检察官的公诉，收集证据便成为侦查的实质性环节。侦查人员实施侦查行为相应地获取一定的证据，如询问证人、被害人，获取证人证言、被害人陈述；讯问犯罪嫌疑人从而取得犯罪嫌疑人供述与辩解；搜查、扣押获取物证、书证；鉴定得到鉴定意见；检查、辨认取得检查笔录、辨认笔录等。为了规范取证行为，刑事诉讼法对每一侦查行为都规定了若干细化的程序规范，公安部和最高人民检察院也颁布相应的具体规程，对侦查措施作出专门规定。程序违法即是在形式上违反刑事诉讼法及相关解释所确立的程序规则。“一个行为要么是合法的，要么是违法的，介于两者之间的第三种情况是不存在的，也不存在任何一种所谓的过渡形式。”② 刑事侦查行为概莫能外，要么是符合程序规范的行为，要么是违反程序规范的行为。

遵守刑事诉讼程序规范收集的证据是合法证据，违反刑事诉讼程序所收集的证据可以统称为不合法证据，而不合法证据并非等同于非法证据，非法证据仅是不合法证据的一种，不合法证据还包括瑕疵证据。从语义学角度，“非”即“不合于”，③ “非法”即是“不合法”。但“两个证据规定”和最高法《解释》对“非法”一词作出缩小解释，根据不合法证据收集的违法程度不同区分为非法

---

① 孙长永：《侦查程序与人权》，中国方正出版社 2000 年版，第 5 页。

② ［德］弗兰茨·冯·李斯特：《德国刑法教科书》，徐久升译，法律出版社 2000 年版，第 212 页。

③ 《现代汉语词典》，吉林大学出版社 2003 年版，第 162 页。

证据和瑕疵证据。瑕疵证据的产生，通常是侦查人员收集证据时轻微违反法律明确设定的义务规范，因而瑕疵证据从本质上讲，也是程序违法的结果。

由于违反的程序规范内容不同，其产生的危害性及带来的后果也各具差异。程序违法行为根据其违法性质和情节的不同，轻重有所不同。“诉讼行为违反诉讼法上之规定，如其违反者仅属于训示规定，则应认为有瑕疵之诉讼行为。”① “澳门刑事诉讼法”规定，如果刑事诉讼行为不依照或者不准确依照法律规定要件实施，就导致行为不完善或有瑕疵，其法律后果依照瑕疵轻重程度各有不同。② 瑕疵诉讼行为类似于美国法中的“无害过错”。“无害过错”首先肯定是在程序上存在过错，但是该过错并没有对被告人的基本权利或者案件的判决结果造成实质上的影响，因而该错误被认为是“无害”的。对违法行为进行合理的分类，是适用“无害过错”规则的前提。美国对被告人权利侵犯的错误主要分为宪法性错误与制定法错误。同时宪法性错误又可分为结构缺陷性错误和审判错误。根据侵权行为的不同错误类型，来确定是否适用无害过错规则予以处理。美国上诉法院如果认为原审的判决中的错误是轻微过错，是无害的，则不会撤销原来的有罪判决。③ 我国学者认为，程序性违

① 蔡墩铭：《刑事诉讼法概要》（增订五版），台湾三民书局股份有限公司 2005 年版，第 73 页。

② 参见徐京辉：《澳门刑事诉讼法》，澳门基金会 1999 年版，第 78 页。

③ 美国法中的“无害过错”主要是针对上诉法院对下级法院的判决进行审查时适用的法则。美国联邦最高法院曾表示承认无害过错法则，是因为刑事审判的中心目的在于决定被告有罪与否，在于提升公众对于司法程序的尊敬与信心，应专注于审判的公平性，而不是不重要的错误。若不论错误对判决结果的影响为何，即一律发回重审，只会鼓励当事人滥用司法资源，导致人民对司法的鄙视（参见［美］爱伦·豪切斯泰勒·斯黛丽：《美国刑事法院诉讼程序》，陈卫东等译，中国人民大学出版社 2002 年版，第 608～610 页）。

法行为的“形式违法性”，因为所涉及的程序规则不同，而具有与此相适应的违法形式和后果。根据程序性违法行为所造成法律后果的不同，可以将程序性违法区分为“侵权性违法”和“公益性违法”两种。无论是“侵权性违法”还是“公益性违法”，根据其违法行为的性质和情节的不同，也根据其所造成的法律后果的不同，一般在违法的严重程度上会有一定的区别。而在针对不同的程序性违法设定法律后果时，一些造成侵权后果不是十分明显、在损害公共利益和法律程序方面并不严重的程序性违法行为，还有可能被视为一种“技术性违法”，而不会带来任何明显的消极法律后果。① 因此，瑕疵诉讼行为或者技术性违法行为在程序上具有微小缺陷或者疏漏，在后果上不会对诉讼参与者的诉讼权利以及案件结果造成实质性影响。

《死刑案件证据规定》和最高法《解释》所列举的瑕疵证据可以认为是瑕疵刑事诉讼行为的后果，或者说是技术性违法行为的后果。瑕疵证据，是法定证据要件上存在小“缺陷”的证据，其本质特征在于侦查人员存在轻微的程序违规情况。由于违反法律程序的情况并不严重，其结果是导致证据在形式上存在缺陷；所造成的侵权后果也不是十分明显，并没有严重损害公共利益，只是轻微地侵害了公民的一些程序性权利；一般不会带来明显的消极后果，更不会形成冤假错案。但就其实质而言仍然是对刑事诉讼程序的违反，并在一定程度使得刑事诉讼法所确立的法律秩序和法律关系遭受破坏。

（二）瑕疵证据是证据能力待定的证据

证据能力，即证据适格性、证据资格，是指某一材料能够用于证明的能力或资格，也即其在法律上允许采用的资格。“证据能力作为一个法律概念，不可能是从证据在事实上是否具有证明价值的

① 参见陈瑞华：《程序性制裁理论》，中国法制出版社2005年版，第9~12页。

角度为证据设定的资格限制。证据能力规范如同其他法律规范一样，也是立法者主观意志的体现。"[①] 某一证据材料要成为证据，仅具有证明力是不够的，还必须为法律所允许，具有证据能力才可作为证明案件事实的依据。只有满足法律关于证据能力所有要件的事实或者材料，才具有证据的资格。如果说证明力属于经验和逻辑问题的话，证据能力则属于法律问题，是法律为所有证据进入法庭审判程序或作为认定事实的依据所设定的条件和资格。由此可见，证据能力是在具有事实证明价值的证据中，由法律设置一种规范从而剔除某些违背程序公正、人权保障等诉讼价值的证据。但对于何种证据有证据能力，各国很少进行积极规定，大多对其反面进行限制。因而无证据能力的证据，大多是欠缺法定构成要素的证据。

《死刑案件证据规定》和最高法《解释》规定，瑕疵证据通过办案人员的补正或者作出合理解释，可以作为定案的根据。可补正或者解释意味着公诉方有机会对瑕疵证据进行补救，赋予其证据资格，避免直接遭受最严厉的排除后果。有人据此认为，瑕疵证据可以"通过补正转化成合法证据"。[②] 也有学者提出，"从证据可采性角度对证据类型进行'三分法'：'合法证据'、'瑕疵证据'和'无证据能力的证据'"。[③] 其实，证据的合法性与证据能力是从不同角度对证据进行的分类，二者的划分标准不同。

合法证据与不合法证据是从证据性质上进行的分类，证据根据其获得程序是否违反法律规定分为合法证据与不合法证据。这种判断主要是对取证行为是否符合法律规范上的审查，取证行为符合法律规范所获取的证据是合法证据，反之，则是不合法证据。不合法

---

① 孙远：《刑事证据能力导论》，人民法院出版社2007年版，第7页。

② 王艳萍：《刑事瑕疵证据补正规则研究》，华东政法大学2011年硕士学位论文，第13页。

③ 参见万毅：《论瑕疵证据——以"两个证据规定"为分析对象》，载《法商研究》2011年第5期。

证据又根据其违法程度不同，划分为违法程度严重的非法证据与违法程度轻微的瑕疵证据。有无证据能力是依据证据的可采性所作的分类，证据根据其能否直接作为定案依据可划分为有证据能力的证据、无证据能力的证据以及证据能力待定的证据。证据合法与否的判断标准较为单一与确定，以单纯的法律规定为标准；而证据能力的评价更多要考虑各种因素和利益，标准更为复杂。

有证据能力的证据在内涵与外延上可以等同于合法证据；但不合法证据不能等同于无证据能力的证据。“无证据能力的证据”之所以不具有证据能力，其原因并不一定是取证手段违法，而可能是基于其他原因，如不符合法定证据形式，缺少证据的真实性等。瑕疵证据与非法实物证据[①]是证据能力待定的证据，既可能经过补正或合理解释成为有证据能力的证据；也可能因为要素欠缺无法补救成为无证据能力的证据（如下图）。

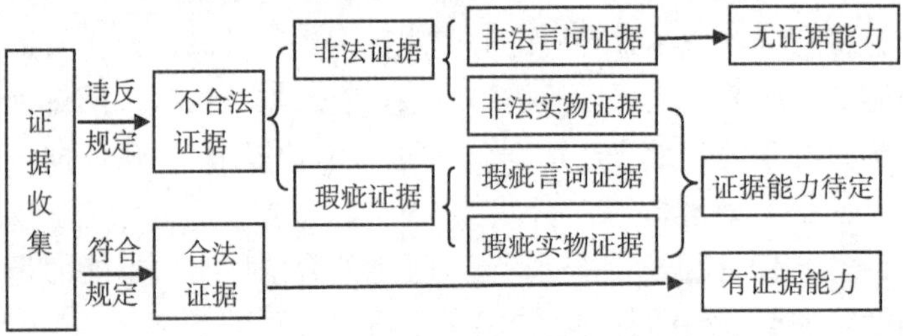

图 1-1

通过补正或合理解释并不能改变瑕疵证据的性质，瑕疵证据不能因为补正或合理解释成为合法证据，瑕疵证据此时仍然是不合法证据，但通过补正、合理解释可以改变瑕疵证据的证据能力，瑕疵

① 《刑事诉讼法》第 54 条第 1 款规定：“……收集物证、书证不符合法定程序，可能严重影响司法公正的，应当予以补正或者作出合理解释；不能补正或者作出合理解释的，对该证据应当予以排除。”据此，非法实物证据并非一律排除，法律赋予其补救的机会。

经补救符合标准后被认为自始有效、绝对有效。瑕疵证据虽然是不合法证据，但因为这种违法多是技术性或手续性的，使得瑕疵证据具有一定的可容忍性。如果法院在没有斟酌的情况下一律排除不合法方式取得的证据，一些应当得到惩罚的犯罪人就可能会逃避惩罚，司法制度将无法满足社会对法律公正实施的要求。所以，瑕疵证据的证据能力问题，实质是程序公正和实体公正的价值选择问题，是对所有不合法的证据加以排除来保障被告人诉讼权利；还是对轻微违法的证据进行适用从而惩罚犯罪的问题。

我国立法采用折中的方法，对瑕疵证据并非一律排除适用，而是将其定位于证据能力待定的证据，“其是否具有证据能力，取决于其瑕疵能否得到补正或合理解释：若能得到补正或合理解释，则该证据即具有证据能力，可继续在后续程序中使用；若无法予以补正或合理解释，该证据即不具有证据能力，不得在后续程序中继续使用”。[①] 最高法院的法官认为：“侦查人员在取证方面存在的瑕疵只是影响到证据取得的合法性，并未在实质上影响证据的真实性，如果一概予以排除，则不利于案件事实的准确认定。”[②] 所以，瑕疵证据虽然存在各种各样的小缺陷，但大都是侦查人员疏忽大意或者过失造成，并未对被追诉人的重要权利造成实质性伤害。通过补正或者合理解释使其具备证据能力，不会对人权保障和实体公正产生实际影响，被追诉人一般可以接受这种结果，案件结果与其心理预期不会产生重大偏差。

三、刑事瑕疵证据的外延

非法证据与瑕疵证据均属于不合法证据，究竟多大程度的违法

---

① 万毅：《论瑕疵证据——以“两个证据规定”为分析对象》，载《法商研究》2011 年第 5 期。

② 张军主编：《刑事证据规则理解与适用》，法律出版社 2010 年版，第 149 页。

算是瑕疵，多大程度的违法构成非法，“两个证据规定”、《刑事诉讼法》和最高法《解释》对非法与瑕疵言词证据、非法与瑕疵实物证据的区分确立了不同的标准。我们没有从概念界定入手研究瑕疵证据，而是以法律规定为切入点进行规范分析，通过与非法证据的文本比较，揭示出瑕疵证据的外延。

（一）非法言词证据与瑕疵言词证据

《非法证据排除规定》第1条和《刑事诉讼法》第54条规定：“采用刑讯逼供等非法方法收集的犯罪嫌疑人、被告人供述和采用暴力、威胁等非法方法收集的证人证言、被害人陈述……”属于非法言词证据。这一规定列举了讯问犯罪嫌疑人、被告人禁止使用“刑讯逼供等”方法；鉴于证人、被害人身份不同于犯罪嫌疑人、被告人，对其禁止使用的取证手段范围略宽一些，包括“暴力与威胁”方法，因此，通过“刑讯逼供、暴力与威胁等”方法获取的言词证据即为非法言词证据。

何谓“刑讯逼供”，我们认为可以根据联合国《禁止酷刑和其他残忍、不人道或有辱人格的待遇或处罚公约》对“酷刑”的解释加以理解。《公约》第1条规定，“酷刑”是指“蓄意使某人在肉体上或精神上遭受剧烈疼痛或痛苦的任何行为”。这一解释可以覆盖我国司法实践中常见的“肉刑”、“变相肉刑”以及“精神刑讯”等各种样态的刑讯逼供行为。立法中的“等”字所涵盖的非法手段应当是与刑讯逼供相当的手段，与刑讯逼供应具等效性，“凡是那些严重侵犯被追诉人基本人权、在程序上不人道或者容易诱发虚假证据的取证手段都应当纳入‘等’的解释范围”，即“必须在违法强度上相当于或接近于刑讯逼供的非法取证行为，才能被纳入‘等’字的解释范畴”①，如冻饿、罚站、疲劳审讯等“变相肉刑”方法。2013年《最高人民法院关于建立健全防范刑事冤假

① 参见万毅：《全国首例非法证据排除案法理研判》，载《证据科学》2011年第6期。

错案工作机制的意见》第 8 条第 1 款规定："采用刑讯逼供或者冻、饿、晒、烤、疲劳审讯等非法方法收集的被告人供述，应当排除。"该条对"等"字解释为"冻、饿、晒、烤、疲劳审讯等非法方法"，但不应包括威胁、引诱、欺骗方法。因为，一方面在实践中，这些方法与从气势上、心理上压倒、摧垮嫌疑人心理的侦查策略不易区分；另一方面，在我国现阶段，对于非法言词证据的排除还处于主要解决"刑求证据"的时期。虽然有学者认为，非法供述仅包括"刑讯逼供等"非法手段获取的证据，范围过于狭窄；相对于 1996 年《刑事诉讼法》第 43 条所包含的"威胁、引诱、欺骗方法"，甚至是一种倒退。[①] 但考虑我国的具体国情，最高人民法院的法官认为，"司法实践中，'威胁、引诱、欺骗'的含义及标准问题的确不好界定"，"考虑司法实践需要，对此问题不必苛求严格，因此暂不作出规定。"[②] 因此，最高法《解释》第 95 条第 1 款规定："使用肉刑或者变相肉刑，或者采取其他使被告人在肉体上或者精神上遭受剧烈疼痛或者痛苦的方法，迫使被告人违背意愿供述的，应当认定为刑事诉讼法第五十四条规定的'刑讯逼供等非法方法'"。对于证人、被害人除禁止使用肉刑或"变相肉刑"方法之外，还禁止使用威胁等方法，即虽未针对证人、被害人使用暴力，但对证人、被害人进行心理强制，如威胁对其亲属使用暴力，或揭发其隐私、毁坏其名誉等方法。

对法律规定深入分析可以发现，非法言词证据是侦查人员通过侵害犯罪嫌疑人、被告人、证人、被害人肉体、折磨其精神或者损害其尊严的手段获取的，这些行为可能导致嫌疑人、被告人的供述、证人证言并非自愿作出。犯罪嫌疑人、被告人、证人、被害人

---

① 参见陈光中：《刑事证据制度改革若干理论与实践问题之探讨》，载《中国法学》2010 年第 6 期。

② 吕广伦等：《关于办理刑事案件排除非法证据若干问题的规定理解与运用》，载《人民检察》2010 年第 16 期。

是否陈述，有精神上的自由，其作出的供述或证人证言必须出于自愿，不应受到任何身体或精神上的压迫。如果被告人供述、证人证言是出于精神或身体压迫下，并且达到“刑讯逼供等”或“暴力与威胁”的严重违法程度时，则不问其陈述内容是否与事实相符，已从根本上失去了证据能力，是非法证据。因此，排除非法言词证据的标准不是言词证据本身，而是获取该证据的程序违法性。当不合法的言词证据取得程序、方法和手段严重践踏被告人的肉体、精神和尊严时，该证据即属于非法言词证据。

法律规定没有对“瑕疵证据”进行概念界定，从立法者的宗旨分析，违反取证程序收集的证据，依据其违法程度不同可区分为非法证据与瑕疵证据。依照这一逻辑推理，当一项言词证据因违反法定程序而获取，但未达到“刑讯逼供”或“暴力与威胁”的严重程度时，这项不合法的言词证据，则属于瑕疵言词证据。有人提出，司法解释扩大了非法证据的范围，对于未达到刑讯逼供、暴力、威胁程度但明显违反法定程序获取的证据也加以排除。因为司法解释规定“询问证人没有个别进行、询问（讯问）笔录未核对确认、特殊人员未提供翻译人员等情形时，不能作为定案的依据”，这些情形下收集的证据也是非法言词证据。[①] 有学者认为应当从“取证手段是否侵犯了重大的权益、取证手段是否违反了实质性程序规范、采用某一证据是否违背程序正义、采用某一证据是否影响证据的真实性”[②] 四个方面区分非法证据与瑕疵证据。

从《死刑案件证据规定》第 13 条、第 14 条、第 20 条和第 21 条[③]对不同种类证据的具体规定来看，瑕疵言词证据划分为不能作

① 参见王艳萍：《刑事瑕疵证据补正规则研究》，华东政法大学 2011 年硕士学位论文，第 1 页。

② 参见陈瑞华：《论瑕疵证据补正规则》，载《法学家》2012 年第 2 期。

③ 同最高法《解释》第 76、77、81、82 条规定。

为定案根据的“不可补救的”瑕疵言词证据和通过补正或者作出合理解释的，可以采用的“可补救”瑕疵言词证据。虽然《死刑案件证据规定》第13条和第20条规定的言词证据“不能作为定案依据”，但不能从结果上的“不能作为定案依据”便倒推这些证据均是非法言词证据。对这些证据的考察可见，其不能作为定案依据并非因为取证手段严重违法达到“压迫性”，影响取证的自愿性，因而不具备证据的合法性将其予以排除适用；而是因为取证过程的违法性导致存在过多的虚伪成分以致阻碍发现案件的真实情况，即该证据不具有证据的客观性，故不能作为定案的依据。

有学者提出从四个方面区分非法证据与瑕疵证据，但没有说明区分时这四个标准是同时具备还是只具备其中之一。对非法证据与瑕疵证据的区分，如果要求四个标准同时具备，与最高法《解释》界定的非法言词证据相比，缩小了非法言词证据的范围。因为《解释》所界定的非法言词证据要求只要达到压迫性取证手段所获取的言词证据即为非法证据，而不问该证据是否真实。如果判断非法证据与瑕疵证据，只需要具备其中一个标准，就又扩大了非法言词证据的范围。

（二）非法实物证据与瑕疵实物证据

法律没有直接界定非法实物证据，通过对《非法证据排除规定》第14条[①]的分析，我国非法实物证据的判断赋予法官一定的自由裁量权，判断标准为以下两个条件同时具备：一是物证、书证

① 《刑事诉讼法》第54条第1款规定：“……收集物证、书证不符合法定程序，可能严重影响司法公正的，应当予以补正或者作出合理解释；不能补正或者作出合理解释的，对该证据应当予以排除。”与《非法证据排除规定》第14条的不同之处在于缺少不符合法律规定前的“明显”二字。这说明《刑事诉讼法》第54条规定的违法获取的实物证据既包括严重违法取得的非法实物证据，也包括轻微违法取得的瑕疵实物证据，对二者没有作严格的区分，因为对二者的处理方式，都要求进行补正或合理解释，所以二者的界限就不是那么明显与重要。

的取得明显不符合法律规定，二是可能影响公正审判。

实物证据不同于言词证据，具有较强的客观性和稳定性，能够较真实地反映案件事实，“扣押物品在程序上违法也不能改变物品本身的性质和形状，涉及扣押物品形状等方面的证据价值并没有发生变化”[①]；并且实物证据不易重复取得，在很多案件中这些证据具有唯一性，通常又具有较高的证明有罪的价值。所以，即使是对违法取证制裁最为严厉的美国，在20世纪80年代初之后，由于犯罪浪潮的冲击，最高法院修正了在非法实物证据排除的强硬立场，1984年之后陆续增加了“善意的例外”、“独立来源的例外”、“必然发现的例外”和“污点稀释例外”。[②] 在大陆法系的德国，基于惩罚犯罪的需要，当非法实物证据符合排除条件时，法官也会运用“利益平衡”原理采纳违法所得证据。[③] 只有当法官“认为有关证据对事实裁判者所造成的不利于被告人的影响大大超过该证据的证明价值”[④]，严重影响司法公正时，才会权衡认定此证据为非法证据，予以排除。

瑕疵实物证据和非法实物证据都是不合法证据，都可能影响司法公正，区分二者的标准，一是判断取证行为的违法性是否“明显”，二是判断影响司法公正是否“严重”。立法赋予审查者一定的自由裁量权，如对于什么样的取证方法属于“明显违反法律规定”，什么是“可能严重影响公正审判”，均可由审查者根据具体情况予以裁量决定。如若两方面因素均获认定，该证据则为非法实

---

① ［日］田口守一：《刑事诉讼法》，刘迪等译，法律出版社2000年版，第242页。

② 参见［美］约书亚·德雷斯勒：《美国刑事诉讼法精解（第一卷·刑事侦查）》，吴宏耀译，北京大学出版社2009年版，第394~415页。

③ 参见［德］克劳思·罗科信：《刑事诉讼法》，吴丽琪译，法律出版社2003年版，第214~223页。

④ 陈瑞华：《比较刑事诉讼法》，中国人民大学出版社2010年版，第37页。

物证据。违反法律规定是否“明显”容易界定，直接依据法律规定即可。但什么是“可能严重影响公正审判”却需要法官根据案件的具体情况进行考量。最高法《解释》第 95 条第 2 款规定：“认定刑事诉讼法第五十四条规定的‘可能严重影响司法公正’，应当综合考虑收集物证、书证违反法定程序以及所造成后果的严重程度等情况。”大多实行裁量排除的国家，法律并不规定法官享有裁量权的范围，也不对裁量排除的具体情形作出规定，而是授权法官根据具体案件取证的手段、方法上的差异等方面进行利益权衡和价值考量。日本法院的判例认为，应当权衡违法的程度轻微；侦查人员是否违反令状主义的意图；是否使用强制力等因素，确定是否排除实物证据。[①] 我国台湾地区“刑事诉讼法”规定，“违背法定程序取得证据之情形，常因个案之型态、情节、方法而有差异，法官于个案权衡时，允宜斟酌：一、违背法定程序之情节。二、违背法定程序时之主观意图。三、侵害犯罪嫌疑人或被告人权益之种类及轻重。四、犯罪所生之危险或实害。五、禁止使用证据对预防将来违法取得证据之效果。六、侦审人员如依法定程序有无发现该证据之必然性。七、证据取得之违法对被告诉讼上防御不利益之程度等各种情形，以为认定证据能力有无之标准，应能兼顾理论与实际，而应需要”。[②] 由于历史传统、制度背景、文化理念等不同，不同国家的法官进行权衡取舍时考虑的价值因素各有侧重。

《死刑案件证据规定》第 9 条第 1 款和第 2 款[③]规定了不同的违法取证情形，第 1 款情形下的证据“不能作为定案的依据”，而第 2 款情形下的证据“经过补正或合理解释后，可以采用”。这两

---

① ［日］田口守一：《刑事诉讼法》，刘迪等译，法律出版社 2000 年版，第 245 页。

② 林俊益：《刑事诉讼法概论（上）》，台湾新学林出版股份有限公司 2009 年版，第 404 页。

③ 同最高法《解释》第 73 条第 1 款和第 2 款规定。

种情形都属于瑕疵实物证据，不能以结果“不能作为定案依据”推导出第1款列举的证据是非法证据。第1款所列举的情形之所以排除，是因为这些证据的违法收集行为可能影响证据的真实性。《死刑案件证据规定》和最高法《解释》规定，瑕疵证据和非法实物证据都可以经过补正或合理解释，由法官判断其不再影响案件的公正审理后，作为定案的依据，所以非法实物证据与瑕疵实物证据的划分界限就不是那么明显与重要。

四、刑事瑕疵证据的补救

（一）对非法与瑕疵证据的分别处理

虽然非法证据及瑕疵证据都是不合法证据，均是违法取证的结果，但是由于非法证据和瑕疵证据的违法程度不同，而且即使同样是非法证据，非法言词证据和非法实物证据所造成的影响也不同。因此在处理非法言词证据、非法实物证据及瑕疵证据时，应当遵循不同的处理原则。“两个证据规定”和最高法《解释》确立了三种处置规则：一是针对非法言词证据的强制性排除规则；二是适用于非法实物证据的先裁量后补救规则；三是涉及瑕疵证据的可补救规则。

1. 对非法获得的言词证据采取强制排除

世界上大多数国家和地区的立法和司法实践将非法获得的言词证据作为排除的重点，我国也不例外。《非法证据排除规定》第2条和《刑事诉讼法》第54条第1款明确规定：“采用刑讯逼供等非法方法收集的犯罪嫌疑人、被告人供述和采用暴力、威胁等非法方法收集的证人证言、被害人陈述，应当予以排除……”刑讯逼供等手段获得的言词证据严重侵犯人权、违背司法公正；且以此手段获得的言词证据虚假性较大，容易造成冤假错案。从大多数刑事错案的情形看，最直接、最普遍也是最主要的原因是采用了刑讯逼供所收集的证据。因此，《非法证据排除规定》和《刑事诉讼法》确立非法言词证据应当排除，这也与联合国《禁止酷刑和其他残忍、不人道或有辱人格待遇或处罚公约》规定的“每一缔约国应确保在任何诉讼程序中，不得援引任何业经确定系以酷刑取得的口供为证据”相吻合。

2. 对非法获得的实物证据先裁量后补救

对非法取得的物证、书证等实物证据，除美国采取较为严格的排除加例外立场外，各国均持宽松、灵活的态度，采取裁量排除的原则，对证据能力的判断赋予法官一定的自由裁量权。与言词证据相比，实物证据具有较强的客观性，发生虚假的可能性较小；由于取证的手段、方法上的差异，决定了实物证据的非法取证行为对诉讼参与人权利的侵害程度较轻。我国《非法证据排除规定》第14条规定：“物证、书证取得明显违反法律规定，可能影响公正审判的，应当予以补正或者作出合理解释，否则，该物证、书证不能作为定案的根据。”立法者并不是通过排除非法取得的实物证据来抑制非法取证，而是希望通过加诸证据提供者以“补正或作出合理解释”的责任来抑制非法取证。我国立法对非法实物证据采取先裁量后补救规则，其运作逻辑在于：对非法获取的物证、书证，首先就其取得过程是否明显违反法律规定，以及其适用是否严重影响司法公正等因素进行裁量。其次，在该非法实物证据的客观性未受影响的前提下，对非法实物证据进行补正或合理解释。事后，针对经补救的证据，考量其补救是否达到采纳的标准，如达到适用标准，可作为定案依据；如未达到标准，仍然存在排除必要，即予以排除。

3. 对瑕疵证据进行补救

瑕疵证据概念的提出是基于人们认识到取证手段与程序的违法存在程度差别。在中国目前不够完善的法制客观条件、质量不高的法制主观条件及罪案高发、办案机关工作压力较大的情况下，瑕疵证据难以避免。任何一种法定证据，其构成要素都包括取证主体、取证程序等多方面的要求，其中一些要求属于基本证据要素，而有一些要求属于非基本的证据要素，前者往往涉及对证据质量的保证以及对公民基本权利的保护，而后者通常只涉及一些技术性、细节性的要求，如有瑕疵，进行适当的完善即可使其具备证据能力。因此，各国证据法规定应当排除的证据，都严格限制于出现重大违法和基本要素欠缺的情况，而对证据瑕疵仍有一定的容许度。[①]“考虑到侦查人员违反法律程序的情况具有较高的比例，而那些在侦查的技术手续方面存在瑕疵的情况更是带有普遍性，因此，这种不加区别地适用排除规则的做法，可能会使所有程序违法行为都受到一种整齐划一的惩罚。无疑违背了基本的比例性原则。”[②] 瑕疵证据通常是由于证据收集过程中的一般违法行为导致，未侵犯公民的基本权利，并没有对证据客观性造成根本影响，因此不必一律排除，是否采用取决于该证据的瑕疵能否被补救。若证据的瑕疵经补救而消除，则瑕疵证据可转化为具有可采性证据；若证据的瑕疵无法补救，则该证据将转化为无证据能力的证据，不具可采性。

（二）刑事瑕疵证据的补救方式

我国立法没有选择其他国家的做法，赋予法官自由裁量权，由法官选择哪些瑕疵证据可以适用，哪些瑕疵证据直接予以排除，而是规定对瑕疵证据可以补救。

《死刑案件证据规定》和最高法《解释》对瑕疵证据的补救方式均规定了补正与解释两种。补正意为补充和改正，[③] 即对瑕疵证据中的疏漏和错误进行补充修正。补正的核心是通过补签、重新填写相关证据上的遗漏或修正证据上的错误对疑问进行澄清。解释，是指在观察的基础上进行思考，合理地说明事物变化的原因，事物之间的联系，或者是事物发展的规律。解释补救通过相应证据阐释问题，或者对疑问进行说理分析，其核心是对问题的语言阐述与澄

① 参见龙宗智：《两个证据规定的规范与执行若干问题研究》，载《中国法学》2010 年第 6 期。

② 陈瑞华：《论瑕疵证据补正规则》，载《法学家》2012 年第 2 期。

③ 《现代汉语词典》（第 5 版），商务印书馆 2007 年版，第 109 页。

清。实际上，不管是补正补救还是解释补救都离不开解释。补正补救强调运用证据对有关证据进行补强，从而提高证据的证明力。但在这一过程中，仍然需要借助合理解释。解释补救的重心在于对有关证据进行说理分析。由此可看出，补正与解释的对象差异较大，此种区分体现于相关法律规定中，如《死刑案件证据规定》第9条第3款[①]规定："对物证、书证的来源及收集过程有疑问，不能作出合理解释的，该物证、书证不能作为定案的根据。"《死刑案件证据规定》第14条[②]规定："证人证言的收集程序和方式有下列瑕疵，通过有关办案人员的补正或者作出合理解释的，可以采用……"可见，《死刑案件证据规定》和最高法《解释》对瑕疵的物证、书证的来源要求通过解释进行补救；而对于有瑕疵的证人证言则规定了两种补救方式：补正与合理解释。对瑕疵证人证言与瑕疵物证、书证作不同补救方式的规定符合我国传统上对非法言词证据采取绝对排除，对非法物证、书证采取自由裁量排除的习惯性做法，是人权保障精神的重要体现。

就补正补救与解释补救之间的关系而言，补正补救与解释补救不是对立关系，而是共存关系。补正是通过诸如重新签名、盖章等具体的诉讼行为完善瑕疵证据，解释补救则是根据客观情况对证据进行主观说明的过程。补正补救与解释补救是证据认定过程中的主客观相统一的体现。前文我们将瑕疵证据情形归纳为两大类：一是证据形式有欠缺，如证据笔录缺少各种签名；笔录记载不详或制作过程不详；笔录上记载有矛盾。二是轻微程序违法，如讯（询）问地点不符合规定；讯（询）问时未告知权利义务；讯（询）问主体不符合规定等。上述瑕疵证据存在明显共性：属于程序瑕疵的后果，即瑕疵证据本质上符合证据的真实性、客观性特点，只是缺乏取证程序上的合法性要素，且限于轻微的程序违法。轻微的程序

① 同最高法《解释》第73条第3款规定。

② 同最高法《解释》第77条规定。

违法获得的证据在通过补正方式补救瑕疵时，通常与解释补救方式结合在一起运用。例如，勘验笔录上见证人没有签名的，法官应允许有关侦查人员说明情况，若侦查人员解释是因见证人忘记签名造成的，且见证人证实确实是忘记签名的，则法官可以允许见证人在勘验笔录上补充签名。此过程先后经历了合理解释与补正的过程。若是侦查人员没有邀请见证人的，法官应根据解释理由自由裁量是否采纳此作为证据来使用，在此情形下就不需要对此瑕疵证据予以补正。

依据法律规定，经过补正或者解释的瑕疵证据，并非一定能够被法院采纳作为定案的依据。法院有权对有关瑕疵证据补正或解释的情况进行审查，以判断这些补救是否达到法院采纳的标准。如果补救符合要求，采纳作为认定案件的依据；如果不符合要求，则排除适用。法院唯有保留对瑕疵证据排除的权力，才能维持其司法裁判的权威性，否则对所有的补救证据均予以采用，对违法取证行为的威慑力将大大削弱，瑕疵证据规则的作用则失去效用。正如美国联邦最高法院法官在马普案中指出的："摧毁一个政府最快的方法是政府本身不遵守自己制定的法律。规则本身不是惩罚警察，而是对警察的行为做出了规范。如果有关法律能够得到遵守，就不再有非法的证据。"① 消除瑕疵证据的根本途径是严格遵守法律，既包括侦查机关严格遵守诉讼程序，避免违法取证行为；也包括出现瑕疵证据时，法院严格其补救审查规则。

---

① Mapp v. Ohio, 367.U.S.643 (1961).

第二章　侦查阶段刑事瑕疵证据的实证观察

为了解刑事瑕疵证据规则在我国司法实践中的现状，探究这种现状背后的深层原因，我们以我国广东省 D 市某基层法院（东部法院）、四川省 C 市某基层法院（中部法院）、甘肃省 J 市某基层法院（西部法院，合称“三区法院”）为对象，对“两个证据规定”实施后两年内有关瑕疵证据规则运行的动态效果进行了调研。根据案件审结的时间，我们从 2010 年 7 月至 2012 年 7 月“三区法院”审结的刑事案件中，随机抽取了 720 份案卷（包括侦查卷与审判卷）作为实证研究的材料来源（如表 2-1 所示）。

表 2-1　抽查案件的基本情况

法院	2010. 7～2011. 7 刑事一审案件数量（件）	2011. 8～2012. 7 刑事一审案件数量（件）	抽查数（件）		
			总数	3 年以下	3 年以上
东部法院	1890	2104	232	154	78
中部法院	491	514	288	174	114
西部法院	388	404	200	117	83

我们调研时认定瑕疵证据的依据主要是“两个证据规定”列举的瑕疵证据的具体情形，这些瑕疵证据大多可直接从证据的表面存在形式和诉讼文书的书面记载中获得识别。事先设计并准备好尽可能详细的表格和问卷，通过一案一表的方式，调查者一边阅卷一边将案卷里的有关信息填录到表格中，并将其他未注明的情况填写

于备注栏。总的来说，这次调研是利用统计学原理取得相当数量的样本，并在此基础上进行分析的法社会学常规方法。同时，还与访谈、问卷等多种方法统合运用，以便对获得的信息相互印证。当然，不排除阅卷时有少量瑕疵证据没有被发现的情形，但总体上不会影响本章的分析与结论。

本章以“两个证据规定”中瑕疵证据规定为参照基点，对实际抽样中获取的瑕疵证据类型进行实然分析，重点是对瑕疵证据在侦查阶段出现的原因做一定的解释，并寻求解决之路。

一、侦查阶段瑕疵证据的类型分析

（一）总体情况

通过对抽查的720件案件的侦查案卷查阅和分析发现，侦查阶段有510件案件或多或少地存在瑕疵证据，比率高达70.8%。东部法院、中部法院、西部法院三法院，分别抽查232件、288件、200件案件，而其中存在瑕疵证据的案件分别为146件、192件、172件，有瑕疵证据的案件数占抽查案件的比率分别为62.9%、66.7%、86%（如图2-1所示）。

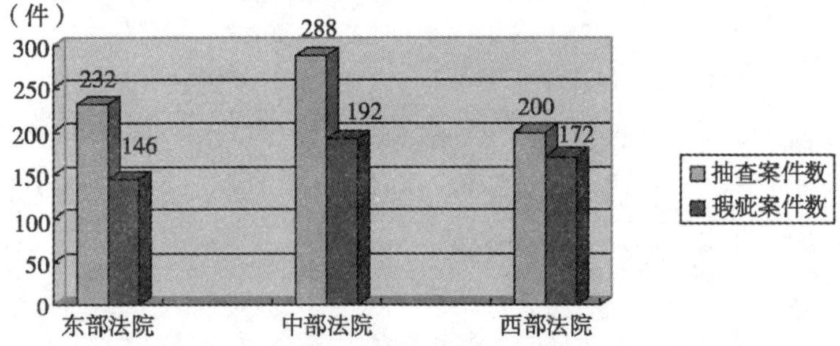

图2-1

存在证据瑕疵的510件案件中，发现瑕疵1416处。其中，书证类瑕疵最多，高达782处，占总瑕疵数的55.2%；其次是物证类瑕疵有 128 处，占 9.1%；鉴定意见瑕疵 106 处，占 7.5%；犯罪嫌疑人供述与辩解存在瑕疵 98 处，占 6.9%；破案报告存在瑕疵 96 处，占 6.8%；勘验、检查、辨认笔录类瑕疵 94 处，占 6.6%；证人证言（包括被害人陈述）瑕疵证据 79 处，占 5.6%；视听资料、电子数据类瑕疵最少，仅有 33 处，占 2.3%（如图 2-2 所示）。

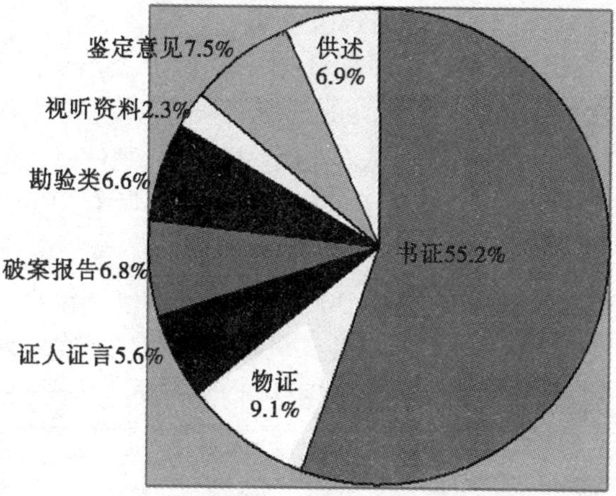

图 2-2

虽然存在瑕疵证据的案件数量不少，但是就个案而言，像王朝[①]案件那样一个案件中存在 30 多处瑕疵证据的个案并没有。个

① 2006 年 8 月 11 日，河北保定市北市区华电生活小区发生一起入室抢劫案，公安机关经侦查，确定石家庄青年王朝为犯罪嫌疑人。该案于 2007 年 5 月由北市区人民检察院提起公诉，同年 12 月经北市区人民法院审理认定王朝犯抢劫罪，判处有期徒刑 13 年。王朝不服，提出上诉，二审维持原判。2010 年 11 月，河北省高级人民法院提审，撤销原判，发还北市区人民法院重审。2011 年 3 月以来，陆续有媒体报道此案，质疑办案机关的取证存在 36 处瑕疵，一些证据瑕疵难以完善，被告人还提出办案人员对其刑讯逼供，由此引发舆论广泛关注。（参见刘彬：《河北“王朝抢劫案”重审辩诉交锋全记录》，载河北新闻网-燕赵都市报，2011 年 9 月 10 日。）

案中瑕疵证据最多也不过10余处，很多案件只有一两处瑕疵。从瑕疵数与案件比例来看，每一件案件中的平均瑕疵证据数仅有2.8处，达不到3处。当然，我们也应考虑到，抽查的案件中，量刑幅度在3年以下有期徒刑的案件占抽查案件数的61.8%，总体上基层法院的案件普遍比较简单，有这样的结果也不容忽视。

（二）书证类瑕疵证据的主要类型

在所有收集的1416处瑕疵证据中，书证类瑕疵证据782处，占总瑕疵数的55.2%。书证类的瑕疵证据主要表现为对待书证复制件的态度上。大多数侦查人员收集书证的复制件时，没有复制者与书证提供者的签名、没有注明复印的时间，共有瑕疵258处，占书证类瑕疵的33%；没有注明“与原件核对无异”的字样，共有瑕疵235处，占书证类瑕疵的30.1%；书证的复制没有复制过程说明，有227处，占书证类瑕疵的29%；书证的来源有疑问的，有31处，占书证类瑕疵的4%（如图2-3所示）。

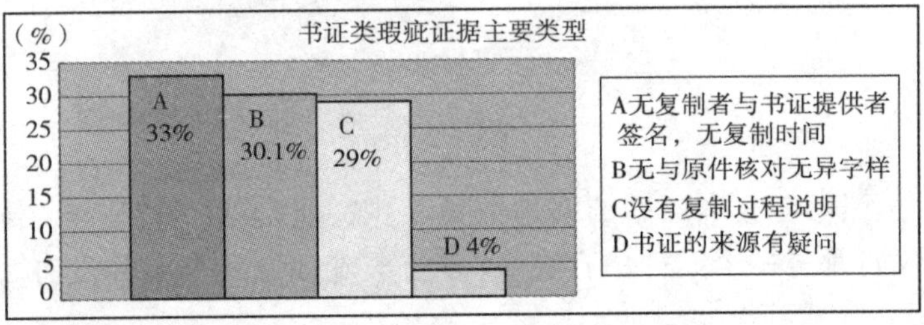

图2-3

依据原始证据优先原则，收集、调取的书证应当是原件，只有在取得原件确有困难时，才可以是副本或复制件。书证的副本、复制件只有经过与原件核对无误，才具有与原件同等的证明力。提供书证的副本、复制件应当附有关于制作过程的文字说明及原件存放于何处的说明，并由制作人、被提取人签名或盖章。书证复制收集是侦查程序中最为普通和日常性的诉讼行为，如每一案件都必须复制犯罪嫌疑人的身份证以证实其身份、年龄；盗窃和抢劫等涉及财产的案件中，需要复制车辆等财产的发票、登记情况等；许多案件中可能涉及复制政府机构的文件、银行等金融机构的记录和资料等。而这一最为简单和日常的工作却问题最多，书证复印收集过程中存在的瑕疵证据数量占据总瑕疵数的50%以上，暴露出侦查人员对日常程序规则的漠视，其潜在危害远胜于其表面性的危害。

（三）物证类瑕疵证据的主要类型

收集的1416处瑕疵中，物证类瑕疵有128处，占总瑕疵证据数的9.1%。物证类证据存在瑕疵的类型虽然多种多样，但数量主要集中在三个方面；一是搜查笔录、提取笔录、扣押清单上缺少见证人签名的瑕疵41处，占物证类瑕疵证据数的32.1%；二是财产移交清单无公章、签名的瑕疵27处，占物证类瑕疵证据数的21.1%；三是物证收集过程有疑问的瑕疵14处，占物证类瑕疵证据数的10.9%（如图2-4所示）。

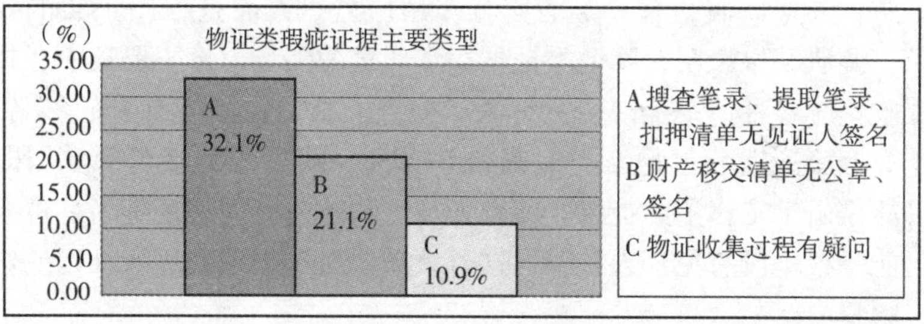

图2-4

其余占35.2%的瑕疵物证，如提取笔录、扣押清单上无侦查人员签名；提取笔录、扣押清单上无物品持有人签名；痕迹或物品未提取；扣押清单上物品数量不详；扣押笔录上时间有矛盾和物证照片无制作过程说明均不足10处（如表2-2所示）。

表 2-2 其他物证类瑕疵证据情形

具体瑕疵证据情形	数量（处）	比例（%）
提取笔录、扣押清单上无侦查人员签名	7	5.5
提取笔录、扣押清单上无物品持有人签名	7	5.5
痕迹或物品未提取	4	3.1
扣押清单上物品数量不详	3	2.3
扣押笔录上时间有矛盾	1	0.8
物证照片无制作过程说明	1	0.8

为保障证据收集的正当性，《刑事诉讼法》规定实物证据收集的过程应当制作笔录，以便事后可以对证据收集过程进行核查，而且要求在场人员签名，尤其规定应当有见证人签名。这一方面是为了防止弄虚作假，有一定的监督作用；另一方面是程序正义的要求。调研结果表明，物证类证据存在瑕疵的类型恰恰主要集中在物证收集时各种笔录上缺少见证人、侦查人员、物品持有人的签名，这类瑕疵证据数占物证类瑕疵的 64.9%。缺少各类签名的原因既可能是由于工作上的疏忽，侦查人员、物品持有人忘记签名，也有可能是根本没有见证人在场，这时就需要对这类瑕疵进行补正或作出解释。

（四）言词类瑕疵证据的主要类型

综观调研情况，言词证据类瑕疵比较少，包括犯罪嫌疑人供述与辩解、证人证言、被害人陈述、破案报告、鉴定意见。这类瑕疵证据共 379 处，仅占瑕疵证据总数的 26.8%。

在我国，犯罪嫌疑人、被告人供述和辩解这一法定的证据种类，总是以讯问笔录作为载体，这里指的瑕疵主要是针对笔录而言。司法实践中，讯问笔录基本上是等同于犯罪嫌疑人供述和辩解。我们通过查阅侦查案卷中的讯问笔录，发现犯罪嫌疑人供述与辩解存在瑕疵 98 处，占言词类瑕疵证据数的 25.9%，主要集中在首次讯问没有告知犯罪嫌疑人权利义务或者告知不全面，这类瑕疵证据有 42 处，占犯罪嫌疑人供述与辩解类瑕疵 42.9%；依次是讯问未成年人未通知监护人在场的瑕疵有 17 处，占犯罪嫌疑人供述与辩解类瑕疵 17.3%；讯问笔录未填写起止时间的有 17 处，占犯罪嫌疑人供述与辩解类瑕疵 17.3%；笔录填表的讯问时间有误的瑕疵有 11 处，占犯罪嫌疑人供述与辩解类瑕疵 11.2%。其余讯问人或被讯问人未签名有 8 处，占犯罪嫌疑人供述与辩解类瑕疵 8.2%；讯问人未填写工作单位的有 3 处，占犯罪嫌疑人供述与辩解类瑕疵 3.1%（如图 2-5 所示）。

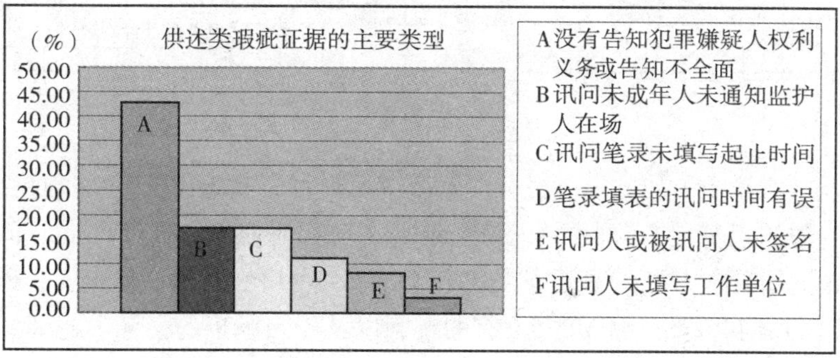

图 2-5

证人证言类证据包括被害人陈述，因为被害人陈述与证人证言收集的程序基本相同，这两种证据主要通过询问笔录作为载体形式固定下来。在这两类证据中，存在瑕疵 79 处，占言词类瑕疵证据数的 20.8%。其中，笔录没有记录告知被询问人权利义务的瑕疵有 44 处，占证人证言瑕疵数的 55.7%；询问笔录未填写起止时间的 13 处，占证人证言瑕疵数的 16.5%；询问笔录无询问人、被询问人签名的有 7 处，占证人证言瑕疵数的 8.9%；询问未成年人未通知监护人到场的有 7 处，占证人证言瑕疵数的 8.9%；询问笔录有改动却未捺手印的地方有 4 处，占证人证言瑕疵数的 5.1%；笔录反映同一时间段同一询问人询问不同证人的情形有 3 处，占证人证言瑕疵数的 3.8%；询问地点不符合规定的瑕疵有 1 处，占证人证言瑕疵数的 1.3%（如图 2-6 所示）。

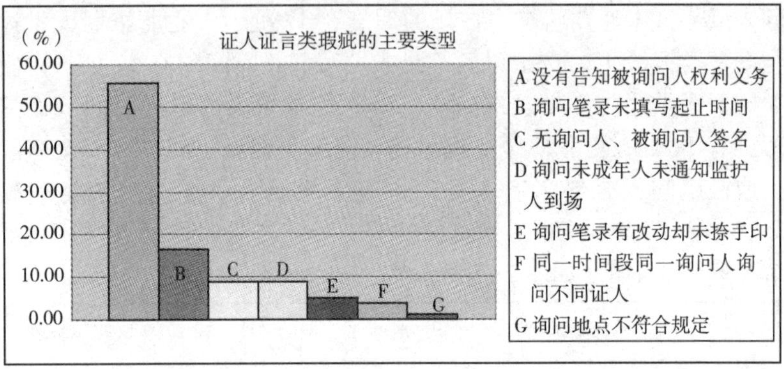

图 2-6

实践中，侦查机关过分倚重言词类证据，我国为保证言词证据收集的规范化，《刑事诉讼法》和相关解释对侦查人员讯（询）问犯罪嫌疑人、证人、被害人规定了一系列程序性规范，首先要求讯（询）问时，应当告知其享有的权利以及应当承担的义务。犯罪嫌疑人、证人、被害人在侦查讯（询）问过程中享有一系列法定的诉讼权利，如果在首次讯问时，侦查人员没有详细告知他们所享有的各项权利以及如何行使这些权利，这些权利便无法得到保障。犯罪嫌疑人、证人、被害人享有各种诉讼权利是以其知晓为前提的，通过告知权利，可以使犯罪嫌疑人、证人、被害人清楚、准确地了解自己在讯（询）问过程中的诉讼权利，减少执法的不平等；同时通过告知权利，可在一定程度上防止追诉人员利用被讯问人法律上的无知而愚弄犯罪嫌疑人的情况发生。在讯（询）问犯罪嫌疑人、证人、被害人的取证过程中，证据瑕疵出现频率最高的即是首次询问证人、被害人、犯罪嫌疑人时，没有记录告知证人、被害人、犯罪嫌疑人的权利义务，或者告知不全面，占言词类瑕疵证据的 23%。这一数据的产生，一方面可能是讯（询）问笔录记录上的漏缺，侦查人员告知了权利而未记载；另一方面可能是讯（询）问时侦查人员没告知，反映出我国侦查讯（询）问程序对确保犯罪嫌疑人享有最基本的防御权和约束侦查人员的讯问权关注不够。

《死刑案件证据规定》和最高法《解释》没有明确规定鉴定过程中可能出现的瑕疵证据情形，但并非鉴定过程出现的任何违法行为所获取的证据都是非法证据。我们调研的结果显示，鉴定意见存在瑕疵证据106处，占言词类瑕疵证据数的28%，其中无鉴定人手写签名（出现打印名字）或只有一人签名的情况有90处，占鉴定意见存在瑕疵数的85%；鉴定意见未送达当事人有11处，占鉴定意见存在瑕疵数的10.4%；案卷中缺少鉴定人资格材料的瑕疵有4处，占鉴定意见存在瑕疵数的3.8%；鉴定意见作出时间有矛盾（送达时间在前，作出时间在后）有1处，占鉴定意见存在瑕疵数的0.9%。

破案报告是办案机关侦查人员出具的说明案发情况以及案件侦破过程的书面材料。对于其是否属于证据、究竟属于何种证据有不同的观点。有观点认为，“案发经过”是诉讼发生后由办案人员制作的陈述性书面材料，是对证据加工后的认识结果，因而不属于法定证据范畴。[①] 有观点认为，“案发经过”所涵括的内容符合客观、关联、合法的诉讼证据属性，因而应当纳入证据范畴。[②] 也有学者认为，“案发经过”属于书证，因为它的内容符合书证的特点。[③] 我国《死刑案件证据规定》首次将“破案经过”规定下来，其第31条规定，“对侦查机关出具的破案经过等材料，应当审查是否有

---

① 参见陈为明:《案发经过不应当作证据使用》，载《中国刑事法杂志》2004年第4期。

② 参见陆久斌：《案发经过之忽略与校正》，载中国法院网，http://www.chinacourt.org/html/200704/06/241398.shtml。

③ 参见梁恒:《案发经过：证据维度下的改革走向》，载《贵州警官职业学院学报》2010年第1期。

出具该说明材料的办案人、办案机关的签字或者盖章。对破案经过有疑问，或者对确定被告人有重大嫌疑的根据有疑问的，应当要求侦查机关补充说明。”最高法《解释》第 108 条①规定的“到案经过、抓获经过等材料”与“破案经过”类似。《刑事诉讼法》规定的证据种类没有破案报告。我们认为破案报告应该属于证人证言类证据，是侦查机关办案人员对案件发现、侦破过程的书面陈述，它所陈述的案发情况或者案件侦破过程是办案人员的亲身经历，这种陈述报告应当属于书面记载的证人证言。《死刑案件证据规定》规定，侦查机关出具的“破案经过”必须有办案人员的亲笔签名，并且还要有办案机关的公章。调研的 720 件案件中，办案经过、抓获经过等破案过程存在瑕疵证据 96 处，占言词类瑕疵证据数的 25. 3%，这类瑕疵主要集中在两方面：一是破案经过、抓获过程等无办案人亲笔签字，有 82 处；二是无办案机关公章，有 14 处。

（五）辨认笔录瑕疵的主要类型

辨认是世界上许多国家规定的侦查措施之一，我国新《刑事诉讼法》仍然没有规定辨认的程序，但将辨认笔录增加在“勘验、检查、辨认、侦查实验等笔录”这一证据种类中。为了规范辨认行为，公安部《公安机关办理刑事案件程序规定》（以下简称“公安部《规定》”）和最高人民检察院《人民检察院刑事诉讼规则》（以下简称“最高检《规则》”）均对辨认程序作出了相应规定，《死刑案件证据规定》第 30 条第 2 款也对辨认笔录中可能出现的瑕疵情形作出了规定。调研表明，在 1416 处瑕疵证据中，辨认笔录存在瑕疵只有 48 处，仅占总瑕疵数的 3. 4%。辨认活动存在瑕疵的主要类型如下：

---

① 最高法《解释》第 108 条规定，“对侦查机关出具的被告人到案经过、抓获经过等材料，应当审查是否有出具该说明材料的办案人、办案机关的签名、盖章。”

表 2-3　辨认笔录类瑕疵情形

具体瑕疵证据情形	数量（处）	比例（%）
辨认照片存在不规范	15	31.3
辨认笔录无见证人签名或盖章	9	18.8
无辨认过程记录	7	14.6
辨认笔录不规范	3	6.3
笔录无侦查人员签名或盖章	3	6.3
无辨认对象照片	3	6.3
主持辨认的侦查人员少于二人	2	4.2
无辨认人签名或盖章	2	4.2
应当辨认未组织辨认	2	4.2
同一时间段同一侦查人员组织不同人辨认	2	4.2

上述辨认笔录类瑕疵可以分为四类：一是辨认对象不规范，包括“辨认照片存在不规范”和“无辨认对象照片”两类瑕疵共有18处，占辨认笔录类瑕疵数的37.5%。这表明辨认活动中辨认对象不符合法律规定的问题最为严重，如对人进行辨认时仅使用照片复印件；不注重照片的相似性；照片人物的大小远近不同等。二是辨认笔录无见证人、侦查人员、辨认人签名或盖章的瑕疵共14处，占辨认笔录类瑕疵数的29.2%。缺少主持辨认的侦查人员签名或缺少辨认人签名，可以认定是工作疏忽忘记签名，因为辨认活动不可能缺少他们。但缺少见证人签名可能是疏忽，也可能是没有见证人在场。对于这个问题仅审查笔录难以找到答案，不过有研究者通过问卷得出结论，“调查对象中有接近60%的公安民警选择请见证人在场的比例在90%以上（包括100%）。这说明，实践中在组织

辨认时请见证人在场是一种常态”。[①] 三是辨认活动记录存在瑕疵，包括“无辨认过程记录”和“辨认笔录不规范”两类瑕疵共10处，占辨认笔录类瑕疵数的20.8%。调研发现，有的辨认活动没有通过笔录将过程记载下来；有的记载内容过于简单，只大概描述了过程，然后将结果记录下来，对于辨认活动的细节以及辨认人的表现却没有详细记录。辨认笔录制作不详细，不利于监督侦查人员程序的合法性和审查其证据效力。四是辨认程序不规范，包括“主持辨认的侦查人员少于二人”、“应当辨认未组织辨认”和“同一时间段同一侦查人员组织不同人辨认”三类瑕疵共6处，占辨认笔录类瑕疵数的12.5%。

（六）勘验、检查笔录瑕疵的主要类型

勘验、检查作为侦查手段，其主要任务是收集与犯罪有关的痕迹与物品。为了保证勘验、检查的客观性和公正性，法律要求勘验、检查的情况应当制作笔录，由参加勘验、检查的人员和见证人签名或者盖章。这包括两层含义：一是勘验、检查的情况，如勘验、检查的时间、地点、对象、目的、经过和意见等应当写成笔录，用文字形式固定下来；二是勘验、检查笔录应当由参加勘验、检查的人和见证人签名或盖章并表明笔录的来源与出处，便于核查。我们调研的案件中，勘验、检查笔录存在瑕疵证据46处，仅占总瑕疵证据数的3.2%。此类瑕疵主要集中在勘验、检查笔录无见证人签名或盖章，有37处瑕疵，占勘验、检查笔录类瑕疵数的80.4%。而其余瑕疵包括勘验、检查笔录无勘验检查人员签名或盖章的有6处，占勘验、检查笔录类瑕疵数的13%；勘验无委托书的有2处，占勘验、检查笔录类瑕疵数的4.3%；人身检查无笔录的有1处，占勘验、检查笔录类瑕疵数的2.2%（如图2-7所示）。

---

① 王佳：《刑事辨认的原理与规制》，北京大学出版社2011年版，第45页。

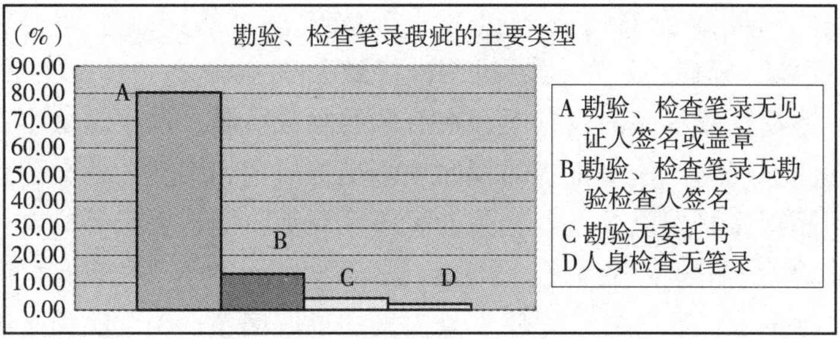

图 2-7

（七）电子数据类瑕疵证据的主要类型

视听资料、电子数据类证据存在瑕疵证据的情形最少，只有33处，仅占总瑕疵证据数的2.3%。其瑕疵只包括两种类型：电子数据无下载时间、下载人签名的有31处；监控录像无提取过程的有2处。

视听资料、电子数据类瑕疵证据最少的现象，与侦查机关的侦查手段有密切关系。我国目前技术取证手段薄弱，普遍缺乏科技取证手段的应用，甚至有的侦查机关对视听资料、电子证据的运用还是空白，以录音、录像、电子计算机等设备，直观逼真、动态连续地证实或再现犯罪事实的高新科技取证手段的运用，还处于可望而不可即的阶段。

二、刑事瑕疵证据存在的原因解释

依照程序法定原则，如果公、检、法机关严格按照法定程序收集证据，并对违法证据进行处理，在此理想模式下，不应出现瑕疵证据甚至非法证据的情形。然而实际状况并非如此，在基层法院办理的案件中证据瑕疵普遍存在，究其原因是复杂的，并且是多方合力促成的结果。不同的研究者对瑕疵证据出现的原因提出了不同的见解，分歧只是由于观察者强调的重点不同而已。有学者对违反法律程序作出发生学上的解释：现行刑事诉讼法在立法层面上存在基本缺陷，导致公安司法人员有违反法律程序的制度空间；现行“重实体、轻程序”的奖惩机制，导致公安司法人员只关注结果，而对违反法律程序的问题不存在有效的制裁机制；刑事司法中广泛存在的潜规则，使得正式的程序规则受到规避和架空；社会公众对于程序正义原则以及与此相关的程序性制裁机制缺乏必要的支持和信任。[①] 也有研究者提出，瑕疵证据的产生是因为“严峻的司法现状导致的取证急迫性；程序工具主义的价值偏差；相关法律制度的缺失；违法取证行为查处的困难与惩处不力”。[②] 这些分析对于查找瑕疵证据产生的原因均有一定的帮助，也有一定的合理之处。但我们认为，原因的查找更应该从实践中得出，从获取的瑕疵证据调研情况中分析。

（一）法律规定矛盾造成对瑕疵证据认识不统一

我们调研时，适用1996年《刑事诉讼法》以及公、检、法三机关相应的解释。1996年《刑事诉讼法》第二编第二章对侦查行为作出程序规定，以保障收集证据的正当性。但刑事诉讼法的规定较为抽象与笼统，为了解决实践中的需要，不得不大量借助于司法解释。我国公、检、法三机关对如何具体适用刑事诉讼法均有自己的操作规定，对同种类的证据收集程序均作出了不同的规定，相互之间存在矛盾与冲突，造成刑事诉讼法律规范内部缺乏和谐性。这种不和谐性导致实践中的法律规定不能统一执行，对瑕疵证据的认定有一定的障碍。我们以调研中出现瑕疵最多的书证副本、复制件的收集以及勘验、检查、辨认笔录是否需要见证人签名或盖章为例进行探讨。

1996年《刑事诉讼法》对书证副本、复制件的收集、调取没

---

① 参见陈瑞华：《程序性制裁理论》，中国法制出版社2005年版，第14~15页。

② 参见丁娟：《非法与瑕疵：证据排除的新适用》，载《浙江工业大学学报（社会科学版）》2011年第3期。

有具体规定。1998 年最高法《解释》、1998 年最高检《规则》和 1998 年公安部《规定》，对书证副本、复制件的制作、收集均作出了规定（如表 2-4 所示）。

表 2-4　有关书证复制件收集的法律规定（旧）对照

证据	1998 年 最高法《解释》	1998 年 最高检《规则》	1998 年 公安部《规定》	《死刑案件证据规定》 （瑕疵情形）
书证复制件的收集	第 53 条：制作者不得少于二人； 提供制作过程的文字说明； 提供原件存放何处的说明； 制作人签名或盖章	第 188 条：附有不能调取原件的原因、制作过程的说明； 原件存放地点的说明； 制作人员签名或盖章； 原书证持有人签名或盖章	第 58 条：附有关制作过程的文字说明； 提供原件存放处的说明； 制作人签名或者盖章	第 9 条：书证的复制件未注明与原件核对无异； 无复制时间； 无被收集人签名（盖章）； 无调取人（单位）签名（盖章）； 无制作过程的说明或说明中无签名； 无存放何处的说明

从上述规定可见，最高法解释规定的“书证复制件的制作者不得少于二人”在公安部和最高检的规定中没有出现；而有关“书证原持有人签名或盖章”的规定也只有检察机关有此要求。调研时，认定瑕疵证据的依据是《死刑案件证据规定》，该规定第 9 条对书证复制件的瑕疵情形规定得最为具体、严格，除三机关规定的内容除外，还包括“注明书证的复制件与原件核对无误”；注明“复制时间”；“被收集人签名（盖章）”，这也是调研中存在瑕疵最多的情形。

1996 年《刑事诉讼法》规定，勘验、检查笔录，由参加勘验、检查的人和见证人签名或盖章；但对辨认笔录是否需要见证人签名没有明确规定。《死刑案件证据规定》中列举的瑕疵证据情形包括勘验、检查笔录、辨认笔录无见证人签名或盖章。1998 年最高检《规则》和 1998 年公安部《规定》对勘验、检查笔录和辨认笔录，是否需要见证人签名或者盖章有不同规定（如表 2-5 所示）。

表 2-5 有关勘验、检查、辨认笔录法律规定（旧）对照

证据	1996 年《刑事诉讼法》	1998 年最高检《规则》	1998 年公安部《规定》	《死刑案件证据规定》（瑕疵证据情形）
勘验、检查笔录	第 106 条：勘验、检查的情况应当写成笔录，由参加勘验、检查的人和见证人签名或者盖章	第 167 条：勘验时，应当邀请二名与案件无关的见证人在场。 第 170 条：勘验、检查的情况应当制作笔录，由参加勘验、检查的人和见证人签名或者盖章	第 197 条：勘查现场，应当制作《现场勘查笔录》和现场图（未规定见证人签名）。 第 198 条：检查的情况应当制作笔录，由参加检查的侦查人员、检查人员和见证人签名或者盖章	第 9 条：勘验、检查笔录无见证人签名
辨认笔录	无规定	第 212 条：辨认必要的时候，可以有见证人在场	第 251 条：辨认经过和结果，应当制作《辨认笔录》，由侦查人员签名，辨认人、见证人签字或者盖章	第 30 条：辨认笔录无见证人签名或盖章

调研发现，在两地公安机关侦查交通肇事案件的《现场勘验笔录》格式样本中，签名处印有“当事人或见证人签名（盖章）”。这说明，部分公安机关在进行现场勘验时，认为见证人并非是必需的，可以有也可以没有。司法实践中，三机关具体实施时

按照自己的规定操作，最终形成了不同的结果，给法院认定瑕疵证据带来了一定的困扰。

新《刑事诉讼法》自2013年1月1日起施行，为了保证刑事诉讼法的顺利实施，2012年公、检、法三机关从规范各自的职权和具体工作程序出发，分别修订了公安部《规定》、最高检《规则》和最高法《解释》，以保障三机关在刑事诉讼中依法正确履行职责。我们仍然以书证副本、复制件的收集以及勘验、检查、辨认笔录是否需要见证人签名或盖章为例，对三机关的新解释进行分析（如表2-6所示）。

表2-6 有关书证复制件收集的法律规定（新）对照

证据	最高检《规则》	公安部《规定》	最高法《解释》（瑕疵情形）
书证复制件的收集	第233条：记明不能调取原件的原因，制作过程和原件存放地点；由制作人员和原书证持有人签名或盖章	第63条：书证的副本、复制件，应当附有关制作过程及原件、原物存放处的文字说明，并由制作人和物品持有人或者物品持有单位有关人员签名	第73条：书证的副本、复制件未注明与原件核对无异，无复制时间，或者无被收集、调取人签名、盖章的； 没有制作人关于制作过程和原物、原件存放地点的说明，或者说明中无签名的

从上述规定可以看出，对于书证复制件的收集程序规定三机关的解释已趋于一致，1998年最高法《解释》中“书证复制件的制作者不得少于二人”的规定被取消，并且公安部、最高检和最高法的新解释中均要求“书证原持有人签名或盖章”。但最高法《解释》规定的证据“未注明书证的复制件与原件核对无异，无复制时间”的瑕疵情形，在公安部与最高检的解释中仍然没有（如表2-7所示）。

表 2-7 有关勘验、检查、辨认笔录法律规定（新）对照

证据	《刑事诉讼法》	最高检《规则》	公安部《规定》	最高法《解释》
勘验、检查笔录	第 131 条：勘验、检查的情况应当写成笔录，由参加勘验、检查的人和见证人签名或者盖章	第 211 条：应当邀请二名与案件无关的见证人在场。 第 215 条：勘验、检查的情况应当制作笔录，由参加勘验、检查的人和见证人签名或者盖章	第 210 条：勘查现场时，应当邀请与案件无关的公民作为见证人。 第 212 条：检查的情况应当制作笔录，由参加检查的侦查人员、检查人员和见证人签名或者盖章	第 73 条：勘验、检查笔录无见证人签名
辨认笔录	无规定	第 259 条：辨认必要的时候，可以有见证人在场	第 253 条：辨认经过和结果，应当制作《辨认笔录》，由侦查人员签名，辨认人、见证人签字或者盖章	无规定

新《刑事诉讼法》以及相关司法解释，对有关勘验、检查、辨认笔录的规定仍然没有形成统一意见，有的甚至没有规定。实践中辨认作为一种被侦查人员广泛使用的手段，对于缩小侦查范围、提供侦查线索、锁定侦查方向具有重要作用，而《刑事诉讼法》却没有将辨认规定为侦查行为。根据程序法定原则，对于权力配置和权力抑制的诉讼规则应当由立法机关制定的法律予以规定。辨认作为一种关涉犯罪嫌疑人诉讼权利，甚至极可能影响诉讼结果的侦查行为，在我国却由司法解释和部门规章加以规范。虽然这些规定

在一定情况下弥补了《刑事诉讼法》的疏漏，但不可避免地影响了我国程序法的权威。而且最高法《解释》也没有吸收《死刑案件证据规定》中有关辨认相关瑕疵证据的情形，公安部和最高人民检察院的相关规定也不统一。这种情形造成三机关对瑕疵证据的认识不一，导致了认定上的矛盾。

（二）办案压力导致侦查人员选择性规避证据收集规定

从我国司法现状看，刑事案件的发案率不断上升，严峻的社会治安问题迫使侦查机关要尽快获取证据，快速结案，实现打击犯罪的职能。据相关资料记载："在某市辖区公安分局的刑侦大队中，从事一线刑事侦查工作的民警仅有25人，其中还包括7名很少参加实际办案的大队长、教导员和中队长，实际从事日常刑侦工作的仅有18名民警。"[①] 2010年，我们调查的广东省D市公安机关全年共立刑事案件36330起，比上一年上升9.8%。当地刑事案件以抢劫、抢夺、盗窃等类型居多，2010年盗窃、抢夺、抢劫等三类案件27530宗，比上一年上升8.5%。[②] 在基层公安机关，部分警察证据意识差，普遍缺乏科技取证手段的应用，利用痕迹物证等侦技手段直接破案的比率还很低，难以发挥刑事技术为侦查破案服务的功能；而运用高科技的录音、录像、电子设备等手段收集证据的更是少之又少。调研结果显示，视听资料、电子数据类证据存在瑕疵证据的情形最少，其中一个原因便是该类证据基数小，出现瑕疵证据的概率也就最低。调研中的《破案报告》表明，大多刑事案件的侦破是现场抓获或被害人提供线索后破案，由侦查人员经过缜密调查或者运用现代化侦查手段破获的案件微乎其微，真正印证了

① 张智辉：《刑事非法证据排除规则研究》，北京大学出版社2006年版，第130页。

② 数据来源于D市2011年《年鉴》。

有学者认为现在的侦查是在“撞案”而非破案①。在目前刑事案件数量上升，司法资源相对不足、侦查的科学技术含量较低的情况下，要求对每一案件作彻底侦查实际难以做到，有时不得不以相对薄弱的证据去应对审判。因此，有相当一部分的侦查人员在查获案件证据时，对证据的收集规定选择性地进行规避，自觉不自觉地对证据的重要性进行分类。

田口守一先生认为，按照证据与证明对象之间距离上的区别可以分为直接证据、间接证据和补助证据。直接证据是直接证明主要事实的证据；间接证据是证明主要事实的间接事实的证据，而间接事实是推定主要事实存在的事实；补助证据是证明补助事实（有关实质证据的可信性事实）的证据，而补助事实是推定实质证据的可信性事实。② 侦查人员可能没有这么系统地认知这一分类，但他们根据多年的工作经验，收集证据时基本符合这一标准。调查中，对案件起直接证明作用的犯罪嫌疑人的供述、证人证言、被害人陈述等言词类证据出现瑕疵的比例较低，占总瑕疵证据数的26.8%；而起间接证明作用的实物证据的收集出现瑕疵的比例最高，占总瑕疵证据数的64.3%。而且综观整个案件的证据体系，大多存在瑕疵的证据并不影响案件的定罪量刑。这说明侦查人员根据案件的实际情况，他们自认为对案件真实性影响不大，无关紧要的证据，收集时往往不规范，视情况进行简化或者作变通处理。如果对此类证据完全依照规范执行往往程序步骤多、手续繁杂、速度慢，不符合诉讼效益原则。在司法实务中，这种程序上的不规范虽然不符合法律要求，却符合侦查机关的日常行为惯例，这似乎印证了安东尼·阿姆斯特丹教授评论美国警察的行为，警察基于实用主

---

① 陈卫东、程雷：《对警察刑事执法实践中若干问题的实证分析》，载《中国人民公安大学学报》2004年第1期。

② 参见［日］田口守一：《刑事诉讼法》，刘迪等译，法律出版社2000年版，第219页。

义目的作出的解释，与联邦最高法院9名大法官或立法机关制定的法律有着明显的差别。[1] 换言之，警察眼中的法与立法者制定的法往往不一样。我国传统实用主义的观念在司法人员脑海中也根深蒂固，在这种观念的影响下，即使法律对程序已有明文规定，司法人员也未必会去遵守。为了快速处理案件，解决问题，侦查人员认为采用违反程序的取证方法并无不可。

（三）辩方对瑕疵证据的制约作用十分有限

控诉与辩护作为一对相互矛盾和冲突的诉讼职能，它们的平衡在很大程度上取决于控辩双方诉讼地位的平等和诉讼权利的对等。事实上，从整个刑事诉讼的过程来看，检察官与犯罪嫌疑人、被告人在参与诉讼的能力方面存在较为严重的不平等现象，这导致控辩双方诉讼地位的不平衡。为了平衡这种不平等状态，各国普遍采取了以下两个方面的立法措施：一是赋予刑事追诉官员尤其是检察官以客观、公正从事刑事追诉活动的义务；二是赋予犯罪嫌疑人、被告人一系列程序保障权利，以使其能够与强大的国家追诉机关抗衡，其中，犯罪嫌疑人、被告人的辩护权是其最基本的权利。获得辩护权，意味着犯罪嫌疑人、被告人获得了充分地、有意义地参与裁判制作过程的机会，能够对法官的裁判结论实施积极而有效的影响。这是现代刑事诉讼文明、民主的重要标志，因为它赋予犯罪嫌疑人、被告人对抗国家权力的“平等武器”，使得犯罪嫌疑人、被告人在刑事诉讼中享有主体性地位，免于国家权力的随意侵害。但是，从司法实践看，一方面，一名普通公民一旦处于犯罪嫌疑人、被告人的地位，即会产生强大的精神压力。尤其在诉讼中可能失去人身自由，他们仅靠个人的力量无法行使法律所赋予的各项权利。另一方面，犯罪嫌疑人、被告人一般不精通法律，对刑事诉讼程序也不甚了解，没有法律专家的适当建议和协助，他们无法进行充分

① 参见［美］约书亚·德雷斯勒：《美国刑事诉讼法精解（第一卷）》，吴宏耀译，北京大学出版社2009年版，第5页。

的自我保护和自我防御。因此，获得辩护律师的有效帮助是犯罪嫌疑人、被告人行使辩护权的重要保护措施之一。

在法治发达国家，辩护律师的普遍参与已是刑事诉讼的常态，但在我国，犯罪嫌疑人、被告人委托辩护人的比例较低。据全国政协社会和法制委员会的调查，“全国刑事案件律师参与辩护的比例不足30%，有的省份甚至仅为12%。全国律师人均办理刑事案件不足3件，有的省份不到1件。律师参与率低，使许多刑事案件的控辩严重失衡，一些案件的公正难以保障”。[①] 调研的720件案件，委托或指定辩护人的案件有208件，辩护率为28.9%，大多数案件没有辩护人对国家权力进行约束。在缺乏辩护人的情况下，犯罪嫌疑人、被告人无法进行充分的防御准备，很难保证他们在自行辩护时充分地进行辩解，事实上他们根本提不出强有力的辩护主张和论据，更不用说让其提出专业性较强的瑕疵证据问题了。更何况，调研中发现的瑕疵证据，大多需要通过阅看案卷材料，通过对笔录等证据文书仔细核对才能发现。司法实践中，犯罪嫌疑人、被告人根本没有阅看案卷材料的条件。遗憾的是，即使是在有辩护人的案件中，也鲜有辩护人提出存在瑕疵证据，请求法院要求控方进行补救。调研结果表明，仅有3起案件的辩护人在辩护意见中提出了瑕疵证据的问题。

在我国，刑事诉讼构造失衡，公权力机关妨碍辩护人行使权利，控辩双方无法平等对抗，是理论界尤其是律师批评的问题。毋庸置疑，这的确是我国辩护制度存在的主要问题之一。但不容忽视的是，辩护人无力提供有效辩护或消极行使辩护权也影响了控辩双方的力量抗衡。受访的律师普遍反映，在很多情况下，即使辩护律师针对案件事实或适用法律方面提出中肯的辩护意见，法院也不一定采纳，通常是你辩你的，我判我的。针对证据方面，辩护律师提

---

① 2012年3月11日，全国政协委员、全国律协原会长于宁代表全国政协和社会和法制委员会在全国人大上的发言。

出存在非法证据尚难引起检察机关或法院的重视，如果律师提出案件存在瑕疵证据，尤其是像“书证的复印件没有复制的时间、复制人、提供人签名”这类意见，检察机关或者法院会认为律师“胡搅蛮缠”、“吹毛求疵”。如果某位律师频繁地提出这类辩护意见，很快就会成为检察机关或法院眼中“不受欢迎的人”。甚至有律师说：“一个尽职的李庄进了监狱。”我国律师的刑事辩护意见对诉讼结果的影响不大，而人身危险较大，一定程度上导致辩护律师只做表面工作，与犯罪嫌疑人会见时间较短，对案件不进行深入的了解，事实之辩不尽心，更不用说积极进行程序性辩护了。在这种职权主义诉讼结构下，公权力的强大造成辩护律师难以有所作为；但反过来辩护律师的不作为或不尽职，又导致原本失衡的诉讼结构更加倾斜。

（四）检察机关、法院纵容瑕疵证据的存在

依照瑕疵证据规则的设计，收集证据的行为违法，但收集的证据却并非全部不能作为定案依据，部分非法或瑕疵证据由检察机关或法院要求侦查机关补正或合理解释后，视情况采纳适用。调研显示，大量没有经过补救的证据直接进入审判阶段，最后作为定案的依据。在审查起诉阶段，检察机关要求侦查机关补救证据瑕疵的案件不到50件，占瑕疵案件数的比率不足7%。在法庭审理阶段，法院要求控方补救瑕疵证据的比率也很低，三区法院平均下来，仅占瑕疵案件总数的7.5%。其中东部法院要求控方补救案件相对较多，存在瑕疵证据的案件146件，法院要求控方补救的案件为14件，比率也仅为9.6%；中部法院存在瑕疵证据的案件182件，法院要求控方补救的案件为16件，比率为8.8%；西部法院补救的案件数最少，存在瑕疵证据的案件172件，法院要求控方补救的案件为8件，比率仅为4.7%。

瑕疵证据规则的有效运行，有赖于检察机关、法院要求取得瑕疵证据的侦查机关进行补正或作出解释，并对补救后的瑕疵证据能否被采用进行审查、判断。法院要求控方对证据瑕疵进行补救，其目的一方面是规范侦查机关的侦查行为，严格要求其取证行为；另一方面带有“弥补过失”、“重新实施诉讼行为”的性质，具有程序性制裁的效果。如果这种“责令补正”措施运用得当，在一定程度上就可以起到惩罚既有违法者，威慑潜在违法者的作用。[①] 如果经补救的瑕疵证据符合检察机关、法院的标准，宣告这一证据具有证据能力；如果不符合标准，则宣告这一瑕疵证据不具有证据能力，不能采用。司法实务中，检察机关或法院对证据瑕疵没有进行严格梳理和过滤，并且谅解而采用其作为认定案件事实的依据，这种宽容态度不仅难以对今后瑕疵证据的出现产生足够的威慑力，相反却起到了对侦查机关违法取证行为的纵容效果。早在多年前有学者就认为：“三机关的配合过多，证据虽有瑕疵但仍可起诉到检察机关，审查起诉阶段的把关不严一定程度上造成了目前这种忽视技术取证、证据观念不强的状况。”[②] 侦查人员会基于过去的经验调整自己的行为，一旦瑕疵证据未经补救便被法院采用，这一成功的行为方式在接下来的侦查活动中起到示范作用，“人类是其所在社会中特定行为方式的囚徒，总是不假思索地践行着他们的文化规范”。[③] 最终结果将导致瑕疵证据规则形同虚设，最后被规避。正如有学者指出，“中国刑事诉讼制度实施中面临的根本问题，是刑事程序的失灵问题，”即“立法者所确立的法定程序在刑事司法活动中受到了规避和搁置，以致使刑事诉讼法的书面规定在不同程度上形同虚设”。[④] 因此，减少甚至杜绝瑕疵证据的产生，规范侦查人员的取证行为，有赖于检察官、法官严格审查瑕疵证据，依法要

---

① 陈瑞华:《论瑕疵证据补正规则》，载《法学家》2012 年第 2 期。

② 陈卫东、程雷:《对警察刑事执法实践中若干问题的实证分析》，载《中国人民公安大学学报》2004 年第 1 期。

③ ［美］米尔吉安·R. 达马斯卡:《比较法视野中的证据制度》，吴宏耀等译，中国人民公安大学出版社 2006 年版，第 21 页。

④ 陈瑞华:《刑事诉讼的中国模式》，法律出版社 2010 年版，第 296 页。

求侦查人员补救并保留排除适用瑕疵证据的权力。

三、瑕疵证据规则对侦查行为的影响

刑事诉讼法对侦查行为规定了若干细化的程序规程，每一规程的违反或疏漏都会引起对证据能力的质疑。因此，不仅需要对侦查行为有效规制，也有必要对违法获取的证据进行规范，瑕疵证据规则应运而生。“两个证据规定”实施后，侦查机关开始关注瑕疵证据问题，瑕疵证据规则对侦查机关起到了一定的约束作用。调研的2010年7月1日之后移送到法院审理的案件，有很大一部分是侦查机关在“两个证据规定”实施之前进行侦查的案件，侦查机关没有按照瑕疵证据规则规范自己的行为。2011年7月之后移送至法院的案件，侦查活动大多发生在“两个证据规定”实施之后，这些案件的侦查人员已开始有意识地比照证据规则约束自己的行为。调研结果可以证实这一点，“两个证据规定”实施后第二年有瑕疵的案件总量要比第一年有所下降，瑕疵证据数量相应也有所减少（如图2-8所示）。

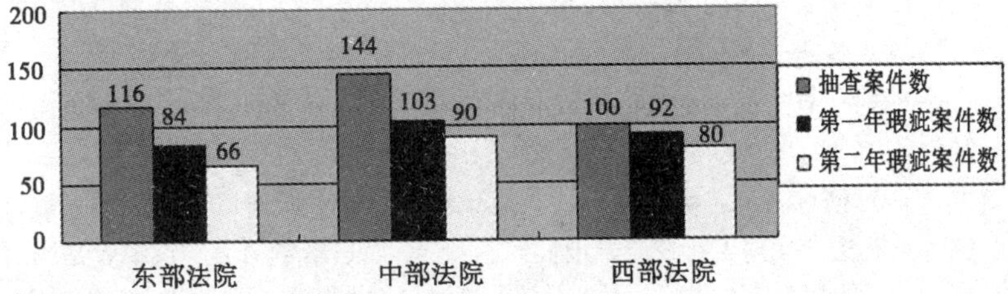

图2-8

三区法院中，东部法院每年查阅的案件数均为116件；中部法院年均为144件；西部法院年均100件。“两个证据规定”实施后，存在瑕疵证据的案件数量第二年比第一年平均下降12%。三区法院抽查案件中的瑕疵证据总数为1416处，第一年为799处，第二年为617处，证据瑕疵的数量第二年比第一年下降12.8%。

从查阅的案卷中发现，“两个证据规定”实施后，为避免出现瑕疵证据，侦查机关应从两方面规范自己的行为，这种规范有利也有弊。

（一）侦查机关制定行为规则预防瑕疵证据出现

查阅的侦查案卷表明，部分侦查机关制作格式文本供侦查人员使用，办理具体案件时可直接适用，事先预防瑕疵证据的出现。

部分公安机关制作了《犯罪嫌疑人权利义务告知书》、《被害人权利义务告知书》、《证人权利义务告知书》等法律文本，以规范侦查人员告知权利义务程序。下面是某公安局的《证人/被害人权利义务告知书》，调研时新《刑事诉讼法》尚未出台，公安机关制作告知书引用的法律条文是1996年《刑事诉讼法》的规定。

××县公安局

证人/被害人权利义务告知书

根据《中华人民共和国刑事诉讼法》的规定，在公安机关对案件进行侦查期间，证人、被害人有如下权利和义务：

权利：

1. 有用本民族的语言进行诉讼的权利。（《中华人民共和国刑事诉讼法》第9条）

2. 对侦查人员侵犯其诉讼权利或者进行人身侮辱的行为，有权提出控告。（《中华人民共和国刑事诉讼法》第14条）

3. 对侦查人员、鉴定人、记录人、翻译人员有下列情形之一的，被害人及其法定代理人有权要求他们回避：（一）是本案的当事人或者是当事人的近亲属的；（二）本人或者他的近亲属和本案有利害关系的；（三）担任过本案的证人、鉴定人、辩护人、诉讼代理人的；（四）与本案当事人有其他关系，可能影响公正处理案件的。对驳回申请回避的决定，可以复议一次。（《中华人民共和国刑事诉讼法》第28、30、31条）

4. 被害人由于被告人的犯罪行为而遭受物质损失的，在刑事诉讼过程中，有权提起附带民事诉讼。（《中华人民共和国刑事诉讼法》第77条）

5. 对于被害人的报案，公安机关作出不予立案决定的，被害人如果不服，可以申请复议。（《中华人民共和国刑事诉讼法》第86条）

6. 被害人认为公安机关对应当立案侦查的案件而不立案侦查，有权向人民检察院提出。(《中华人民共和国刑事诉讼法》第 87 条)

7. 被害人、证人有权核对询问笔录。被害人、证人没有阅读能力的，侦查人员应当向他宣读。如果记载有遗漏或者差错，被害人、证人可以提出补充或者改正。被害人有权自行书写被害人陈述。(《中华人民共和国刑事诉讼法》第 100 条)

8. 被害人有权知道用作证据的鉴定结论的内容，可以申请补充鉴定或者重新鉴定。(《中华人民共和国刑事诉讼法》第 121 条)

9. 证人有权要求侦查机关保障其自身安全及其近亲属安全。

义务：

1. 被害人应当如实地提供证据、作出陈述，捏造事实诬告陷害他人或者隐匿罪证应负法律责任。(《中华人民共和国刑事诉讼法》第 100 条)

2. 凡是知道案件情况的人，都有作证的义务。(《中华人民共和国刑事诉讼法》第 48 条)

3. 询问证人，应当告知他应当如实地提供证据、证言和有意作伪证或者隐匿罪证要负的法律责任。(《中华人民共和国刑事诉讼法》第 98 条)

告知书已于________年________月________日________时向我宣读/交我阅读。

被告知人（签名并捺手印）：________

调研的大多数公安机关已实行较完备的权利义务告知程序，在阅卷时发现第一次的讯问笔录或者询问笔录中都有这样的表述：

问：这是《犯罪嫌疑人/被害人/证人诉讼权利义务告知书》，给你阅读，你如果不识字，我们可以给你宣读。

答：我自己可以阅读。(看《权利义务书》时间约五分钟)

问：以上诉讼权利和义务看清楚了没有?

答：我看清楚了，《告知书》我已收到。

但有些公安机关在执行时存在一定的缺陷，部分《权利义务告知书》没有附在案卷材料中，只是在阅看讯（询）问笔录时发现侦查机关告知了诉讼权利义务。如果能够将《权利义务告知书》附在案卷材料中，更能够说明诉讼程序的完备。

《刑事诉讼法》为了保障未成年犯罪嫌疑人、被害人和证人的合法权益，规定侦查过程中讯问或询问未成年人时，应当通知其法定代理人或监护人在场。为了规范侦查机关通知未成年人法定代理人或监护人的通知程序，部分公安机关内部制定了格式文本，便于操作。

____

我局定于______年______月______日______时在________对________案的证人/被害人________进行询问，因该证人/被害人系未成年人，根据《中华人民共和国刑事诉讼法》第九十八条第二款之规定，通知你届时到场。

______年______月______日（公章）

除此之外，公安机关还制作了《交通事故勘验笔录》等格式样本，有的公安机关刻有“复印件与原件核对无误”字样的小印章，在复制书证时使用。

上述一系列措施充分说明，瑕疵证据规则对侦查行为有一定的规范和制约作用。侦查机关已开始重视瑕疵证据问题，重视对轻微程序违法行为的关注，从细微之处预防瑕疵证据的出现。

（二）侦查机关发现瑕疵证据自行补救

调查显示，在大多数瑕疵证据情形出现时，侦查人员不作任何处置的比例较高，但也不排除有部分瑕疵证据被侦查人员自查时，采取一定的补救措施。当然，有一些补救方法有一定的遮掩性质。例如，侦查中一人讯问取证，却在笔录上签上两个民警的名字。司法实践中，警力不足已经不是什么新闻，“常常以‘警力不足’等为由一人讯问取证，却在笔录上签上两个民警的名字。有时甚至发生一个民警的名字同时出现在同一时间进行的两份笔录中的现象”。[①] 又如提取物证或勘验检查时在没有见证人在场的情况下，直接在笔录上填上见证人的名字。这些情形虽然查阅卷宗不能证实，但我们调研发现，在讯（询）问笔录中确实出现了同一时间段同一警察在不同笔录上签名的情形；还发现有一些笔录签名处笔迹颜色不同；或者有些笔录上时间、签名处有涂改，然后捺上手印或盖章。当然这不能绝对得出事后补签或弥补一个民警的名字同时出现在同一时间段的两份笔录中的结论，但也不能排除这种可能性。

对瑕疵证据比较常见的补救方式是通过“情况说明”进行解释，因此侦查卷中大量的“情况说明”值得关注。《排除非法证据规定》第7条第3款规定的“公诉人提交的说明材料”旨在证明取证行为的合法性，而实践中的“情况说明”却异化为侦查阶段案件办理过程中出现的各类情况、问题进行说明和解释的书面材料。我们抽查了120件案件，发现有123份“情况说明”。此次抽查中，有的案件卷宗中有多份“情况说明”，有的案件中则没有；有“情况说明”的卷宗占总卷宗数的50%。收集到的123份“情况说明”涉及的内容包括以下方面（如表2-8所示）：

表2-8　“情况说明”汇总表

说明内容	侦查卷中情况说明的份数	所占比例%
物证未提取（未找到赃物、作案工具等）	27	22
未能补充询问（未能找到证人、被害人、证人不配合）	22	17.9
无法抓获同案犯	16	13

① 李云昭：《对公安刑事执法中违反诉讼程序现状探析》，载《云南公安高等专科学校学报》2002年第4期。

续表

说明内容	侦查卷中情况说明的份数	所占比例%
某些事实无法查证	13	10.6
同案犯身份无法查明	7	5.7
破案经过	4	3.3
被害人谅解	4	3.3
追逃	4	3.3
价格无法鉴定	3	2.4
未能提取监控录像	3	2.4
未组织辨认	3	2.4
立功的说明	3	2.4
未成年人未通知监护人	2	1.6
被告人身份无法核查	2	1.6
现场无法勘验	2	1.6
嫌疑人认罪态度好	2	1.6
抓获经过	2	1.6
被告人年龄无法查证	1	0.8
无法比对指纹	1	0.8
嫌疑人照片来源	1	0.8
无发还清单	1	0.8

通过实证观察，“情况说明”的覆盖面相当大，几乎涵盖对刑事案件中的每一个问题。许多“情况说明”并不是对证据形式违法进行解释，而是对案件实体内容进行补充说明和解释，这也是“情况说明”被广泛使用的重要原因。我们调取的123份“情况说明”中，关于物证未能提取，无法补充讯（询）问，无法勘验检查、鉴定，无法辨认或指认，主体身份无法查证，无法比对指纹等

"情况说明"均是对实体事实的解释和补充。这些"情况说明"的大量存在，引起了学者的关注，有学者曾尖锐地指出，"办案说明"本质上就是侦查人员违规取证的补正品和侦查人员不出庭作证的替代品。[①]"在刑事司法实践中广泛使用的原因在于'情况说明'成为了万灵丹药。在侦查阶段对于一些证据不知或者不愿按照法定证据形式的基本要求收集固定证据的，均以寥寥数语的'情况说明'代替法定证据。特别是在补充侦查阶段，对于公诉部门的补充侦查提纲上所列举的补充内容，大量使用不同内容的'情况说明'予以应对，'情况说明'可以说成为侦查机关或侦查部门不能补充证据的说明，不想补充证据、甚至是故意不补充证据的托词。"[②] 由于"情况说明"不是法定证据种类，并且内容记录难以客观科学完整，如果将其"作为证据使用，作为定罪量刑的根据，便模糊了证据的含义，冲击了证据采信规则，有损司法公正"。[③]

有关瑕疵证据的"情况说明"发挥的作用应当是证明程序合法性，确认证据的证据能力，就证据瑕疵如何形成并且进行修补和治愈的解释。这类情况说明无论是证明程序合法性，还是对瑕疵进行补正或解释，即使目的是保障实质证据信息的可靠性，其作用方式也均是指向证据形式、取证手段等程序事实，不能直接以情况说明的内容印证证据信息的真实性，不可用于对证明力的印证和补强。

---

① 周维平、马明亮:《论"办案说明"在刑事审判中的运用——以刑事判决书为样本的考察》，载《全国法院系统第二十二届学术讨论会论文集》(福建，2011年1月)，未编页。

② 黄维智:《刑事案件中情况说明的适当定位》，载《法学》2007年第7期。

③ 寇松娜、龙腾云:《"办案情况说明"证据能力探讨》，载《福建警察学院学报》2009年第3期。

第三章　刑事瑕疵证据补救的实证观察

针对侦查阶段大量出现的证据瑕疵，我们认为目前最快捷、最有效地减少和规范瑕疵证据的方法是发挥法院的“最后堡垒”作用。立法者设计瑕疵证据规则的初旨，是让司法实践中的“中间地带”走出阴影，在排除非法证据与挽救瑕疵证据之间探索出一条新的路径，一方面避免对违反法律程序收集的证据一味地予以排除；另一方面促使控方消除瑕疵证据在真实性方面存在的隐患，也对侦查机关的违法取证行为起到一定的威慑作用。

本章的研究对象即运行中的刑事瑕疵证据补救规则，包括瑕疵证据的补救、审查及采纳等主要环节。我们对三区法院瑕疵证据补救规则运行两年的实际状况进行实证研究，主要目的在于对审判阶段瑕疵证据补救规则适用的实际情况进行观察与评估，在此基础上分析瑕疵证据补救存在的问题以及原因何在，并对其系统性完善进行探讨。

一、刑事瑕疵证据补救情况观察

（一）刑事瑕疵证据补救的数量

随机抽取的720件案件的侦查卷中，有510件或多或少地存在瑕疵证据，比率高达70.8%。其中实物证据的瑕疵占总瑕疵数的73.2%，言词证据类瑕疵比较少，仅占瑕疵证据总数的26.8%。[①]

---

① 参见胡忠惠：《侦查阶段瑕疵证据问题探讨》，载《理论探索》2013年第4期。

瑕疵证据规则要求法官对于案件中的瑕疵证据，必须责令控方补救。但从审判阶段的调研情况看，法院要求控方补救瑕疵证据的比率很低，要求补救瑕疵证据的案件数量为38件，仅占瑕疵案件总数的7.5%；总计1416处证据瑕疵，仅有44处得到补救，大量没有经过补救的瑕疵证据直接进入了审判阶段，作为定案的依据。三区法院存在瑕疵证据的案件补救比例（如图3-1所示）：

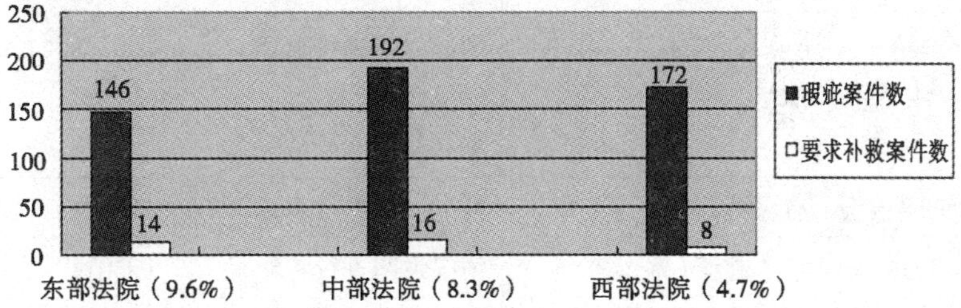

图3-1

由此可见，瑕疵证据规则的整体运行状况并不乐观，证据瑕疵并没有因为两个“证据规定”的实施而有明显改观，法官对瑕疵证据仍然表现出较大程度的宽容。侦查机关取证行为的现实状况是“大问题没有、小问题不断”，法官对于案件中存在的瑕疵证据倾向于采用置之不理的放任态度，认为对于各种证据瑕疵难以要求一律补救。即便立法规定了较为完整的瑕疵证据补救规则，但并没有发挥实际功效，对瑕疵证据的放任成为一种潜在的规则。

（二）刑事瑕疵证据补救的情形

在调研的1416处证据瑕疵中，仅有44处瑕疵证据得到补救，补救的瑕疵情形、补救方法以及补救后法院的采纳情况（如表3-1所示）。

表 3-1　44 处补救的瑕疵证据情形统计表

瑕疵证据情形	数量（处）	补救方法	法院采纳情况
询问证人有误	7	重新询问（3 处） 情况说明进行解释（4 处）	采纳
无扣押物品清单、笔录	5	情况说明进行解释（4 处） 重新制作（1 处）	采纳
询问被害人有误	5	情况说明进行解释	采纳
自首、立功情节有误	5	情况说明进行解释	采纳
提取的指纹有误	4	情况说明进行解释	采纳
身份证明有误	4	补查	采纳
扣押清单上物品数量有误	3	情况说明进行解释	2 份未采纳；1 份采纳
被盗物品数量有误	3	重新讯问被告人	1 份未采纳；2 份采纳
辨认笔录有误	3	重新制作	采纳
提取的监控录像有误	2	情况说明进行解释	采纳
人身检查有误	2	情况说明进行解释	采纳
鉴定结论与送达时间有误	1	情况说明进行解释	采纳

从补救的瑕疵证据分析，法院要求补救的瑕疵证据并没有种类上的特殊性，并非集中在某一类证据上，但总体上实物类证据居多，这与侦查阶段实物类瑕疵证据数量最多的调研结论吻合。瑕疵证据的补救可以分三种情形：一是实物类证据瑕疵补救的情形居

多，有 23 处占 52.3%，其中扣押清单、笔录存在问题，如无扣押清单、笔录、扣押清单上数量有出入等瑕疵共有 11 处；提取物证时存在瑕疵，如提取的指纹、监控录像存在问题等瑕疵有 6 处；辨认、勘验检查、鉴定存在瑕疵 6 处。二是言词类瑕疵共补救 12 处，占 27.3%，主要表现为询问证人、被害人存在瑕疵。三是其他类瑕疵，如被告人的身份、立功等问题补救的共 9 处，占 20.5%。

对于存在的 44 处瑕疵，补救方式只有两种：一是通过情况说明进行解释。有 30 处瑕疵证据是通过情况说明对存在证据瑕疵进行解释，占补救瑕疵的 68.2%；二是重新制作。有 14 处瑕疵通过重新制作方式补正，占补救瑕疵的 31.8%。所有经补正或解释的瑕疵证据除 3 份“情况说明”未被法院采纳外，其余均被法院采纳，采纳数占补救数的 93.2%，“补正不能”予以排除的情形仅仅是例外。

二、刑事瑕疵证据补救的分析

（一）瑕疵证据补救类型的分析

仅有 7.5%的案件中存在的瑕疵证据得以补救，虽然这一结果可以得出“法院对瑕疵证据问题重视不足”的断言。但是，毕竟还有部分案件中的瑕疵证据得到了补救。为什么这些证据瑕疵能够引起法官的重视，是什么因素决定法官对这些瑕疵要求补救呢？对于这个问题，我们通过分析瑕疵证据补救的类型，期望能够追寻出一定的答案。为了更充分地论证瑕疵证据的补救情况，我们从上述补救情形中选择四个实例作为样本。

实例一：在一起容留他人吸毒案中，法官发现“扣押清单”上的扣押毒品数量为 23.53 克，而物证所称量为 23.36 克，二者不符，要求控方补救。控方补充一份“情况说明”：“现场称量与物证所称量不一致，该称量误差属于电子秤正常误差之内。”法院从有利于被告出发，按两次称量的最小值计算。

实例二：在一起非法持有毒品案中，法官发现“扣押清单”

上扣押物品与“鉴定书”登记不一致，要求控方补救。控方出具“情况说明”写道：“民警将同一处发现的不同包装的同一圆形药片合计后登记在扣押物品清单中，后将涉案毒品送市公安局物证鉴定所鉴定时，按照鉴定所要求，对不同包装的圆形药片分开进行鉴定。故扣押清单和市公安局鉴定所鉴定书登记不一致。”法院采纳了这一“情况说明”。

实例三：在一起盗窃案中，失主的报案笔录称“被盗金额2500元”；犯罪嫌疑人的讯问笔录中供述“盗窃1400余元”。由于二者陈述的金额不符，法官要求控方补救。控方重新询问被害人，被害人陈述：“我记得最初我是放了2500元现金在我家卧室衣柜内的抽屉，后来被盗时的具体金额记不准确了。因为有时家用也在那里拿钱。”最后，法院采纳了被告人的说法，认定盗窃金额1400元。

上述三个实例中的瑕疵证据之所以引起法官的关注，是因为赃物的数量存在误差，如毒品在称重方面发现不一致，或者盗窃金额被害人与被告人说法不一，由此导致瑕疵。而数量的认定对于数额犯而言，是关键证据，是罪与非罪、罪轻与罪重的重要标准。因此，法官一般对于数额问题均会认真核实，以免发生错误认定。

实例四：在一起抢劫案中，侦查案卷中没有“扣押清单”，没有提取笔录，但市公安局出具的“收条”写明“上交收缴的作案工具刀具一把，送市公安局销毁”。法院要求控方补救。控方出具“情况说明”，解释该案是因犯罪嫌疑人形迹可疑经盘查，交代犯罪事实，并当场搜出赃物和作案工具。当时因情况特殊，没有制作“扣押清单”和提取笔录。法院采纳了这一“情况说明”。

实例四是由于实物证据来源不明产生的证据瑕疵。《死刑案件证据规定》和最高法《解释》均要求收集物证时，不仅需要提取物证，还需要记录提取物证的过程。因为物证的价值不仅仅是孤立的物证本身，还包括其所处的位置、环境和存在的状态等。因此证据的来源以及获取证据的途径就显得尤其重要，侦查机关没有记录收集物证过程形成证据瑕疵，可能导致事实认定不清。实例四中，侦查机关的“情况说明”对当时没有制作“扣押清单”和提取笔录的解释有一定合理性，故法院予以采纳。

目前，多数学者主张我国《刑事诉讼法》与有关司法解释所确立的瑕疵证据单指程序瑕疵，不包括事实瑕疵。有学者指出：“瑕疵证据一般表现为证据形式方面的违法性，但其能基本保证证据的客观性，加以使用不会妨碍对案件事实的准确认定。”① 但我们认为，瑕疵证据应该涵盖事实瑕疵证据与程序瑕疵证据。事实瑕疵与程序瑕疵的区别在于其瑕疵是否对证据的真实性产生了影响。从法律条文的字面含义看，现行立法所确立的瑕疵证据似乎属于程序瑕疵证据，不包括事实瑕疵证据。实际不然。《死刑案件证据规定》第9条第3款②确认了事实瑕疵证据：“对物证、书证的来源及收集过程有疑问，不能作出合理解释的，物证、书证不能作为定案的根据。”言外之意，是说若物证、书证的来源及收集过程有疑问，经过合理解释且该解释能够打消司法人员的疑问，即能恢复物证、书证的证明力，可以作为定案根据。无独有偶，《死刑案件证据规定》第28条第（二）项③规定：“对视听资料的制作和取得的时间、地点、方式等有异议，不能作出合理解释或者提供必要证明的不能作为定案的根据。”换言之，若取证主体能对上述疑问作出合理解释，则可以作为定案的根据。视听资料取得的时间、地点及方式与其证明力有无及大小有着极为重要的关系，该程序在瑕疵事实上已经影响到证据的证明力，本质上属于事实瑕疵。更为重要的是，对证据审查不是片段式地独立判断，而是将其置于整个案件的

---

① 吴杨泽：《刑事诉讼中瑕疵证据的运用》，载《人民检察》2011年第11期。

② 同最高法《解释》第73条第3款规定。

③ 同最高法《解释》第94条第（二）项规定。

证据链条中。某一独立证据本身没有问题，但将其置于整个证据链条中则可能会存在疑问，甚至缺乏证明力。例如，《死刑案件证据规定》中明确规定，对视听资料，应当结合案件其他证据，审查其真实性和关联性。可见，证据证明力不仅在于其对案件事实的独立证明作用，还取决于其在证据链条中所发挥的相互印证作用。因此，可以认定影响证据真实性的原因很多，包括证据的来源、证据收集方法、证据的保存等。若证据来源与收集方法、保存方式等影响到对证据真实性的判断，这样的证据不仅具有程序瑕疵，还带有事实瑕疵。

从表 3-1 的瑕疵证据补救情形以及上述所列举的实例中可以看出，法院要求控方加以补救的瑕疵大多是事实瑕疵证据。法官要求控方对瑕疵证据进行补救考量的首要因素是该证据对案件的实体处理结果是否有影响以及影响的大小，只有当某个瑕疵证据在定案时可能影响案件结果，法官才要求控方进行补救。很多法官认为，即使某一证据存在一定的瑕疵，但不足以对案件事实有实质性影响，就没有必要耗时耗力要求控方补救，不补救该证据也不会影响案件的处理结果。例如，调研中出现最多的书证复制件没有注明“与原件核对无异”的字样；没有复制者与书证提供者的签名、没有注明复制的时间；没有复制过程等瑕疵证据，法官基于对侦查人员的基本信任，而且这类证据瑕疵一般不影响证据的可靠性，不会要求控方进行补救，一般对其置之不理。

因此，将事实瑕疵证据与程序瑕疵证据统一纳入瑕疵证据范围内不仅符合我国刑事立法的规定，更是证据证明力规则的内在要求。对瑕疵证据作事实瑕疵证据与程序瑕疵证据区分是尊重客观事实的要求与体现。司法主体认清瑕疵证据影响证据证明力这一客观存在的问题有着重要意义：首先，司法主体不会在区分事实瑕疵证据与程序瑕疵证据方面投入过多的精力，他们注重对证据的体系性、综合性判断。在证据资源极为有限的当下，试图排除事实瑕疵证据不仅不符合实际，还有可能会以其他的方式予以规避，与其任其衍生多余的潜规则不如将其置于规则之下予以规范。其次，对于事实瑕疵证据，因其涉及证明力问题，法官应从严把握。遗憾的是，我国有关司法解释对因程序瑕疵引起的事实瑕疵证据并没有规定更为严格的补救规则，而是采取了“合理解释”或者“提供必要证明”的相对宽松的补救方式，而司法实践中侦控机关均倾向于以“情况说明”进行书面解释，而非提供切实的证据证明。

（二）瑕疵证据补救方法的分析

瑕疵证据的补救原则上应既有补正又有合理解释，合理解释既可以在补正之前，也可以在补正之后。补正与解释两种补救方式是相互补充、并存的关系，而非相互替代关系。遗憾的是，我国立法对瑕疵证据补救方式采取了“可替代”的立法模式，即控方既可以选择补正补救方式也可以选择合理解释补救方式。更为重要的是，个别法条规定了瑕疵证据的单一合理解释补救方式。“可替代”模式与合理解释的单一补救模式的最大弊端是因其补救方式的简便性，控方很可能会偏重于使用此补救方法，从而规避甚至架空补正补救方式。我们观察到的情况也证实了这一点，从阅卷和访谈中，均发现直接补签等直接补正的方式适用极少，大多运用“情况说明”对瑕疵进行解释。

1. 直接补签的补救方式难以观察

在司法实践中，出现笔录中缺少各种签名，缺少时间、地点等瑕疵，侦查机关可以通过直接补签的方式，对瑕疵证据进行补救。但通过补签方式补救，应当对为何缺少签名，没有填写时间、地点的原因作出合理的解释，排除伪造嫌疑。换言之，补正补救强调运用证据对有关证据进行补强，从而提高证据证明力。在这一过程中，仍然需要借助合理解释。如果直接补签姓名或填写时间、地点而不进行解释，通过查阅案卷材料很难观察到，除非侦查人员或法官告诉调研者。我们设计的问卷虽然涉及这一问题，但承认补签的肯定回答者没有。据有些学者观察，“侦查中，常常以‘警力不足’等为由一人讯问取证，却在笔录上签上两个民警的名字。有的补正弄虚作假，如人证笔录或物证、书证提取笔录倒填时间，以便大致符合程序要求；又如在询问地点、审讯人员数量及勘验、搜查笔录的见证人等问题上提供不真实信息”。[①] 我们在调研中也发现，一些讯问或询问笔录签名处笔迹颜色不同；或者有些笔录上时间、签名处有涂改，然后捺上手印或盖章。这种情况不能绝对得出事后补签的结论，但也不能排除这种可能性。这样做掩盖了证据存在的瑕疵，使得该类证据在审判中能够得到认定。

2. 重新制作有一定适用比例

调研中发现，通过补查、重新讯问、重新询问等重新制作证据的补救方式也不少，占补救瑕疵的31.8%。重新制作主要适用于需要核对身份、重新辨认、重新讯（询）问制作新的证据。在瑕疵证据的补救方式中，重新制作排列在解释之前。许多“情况说明”在对瑕疵证据进行解释时，均提及因为无法重新制作才进行解释，如证人找不到，无法重新询问；指纹已没有重新收集的可能等。一般情况下，如果有可能重新制作，侦查人员一般不会通过解释补救瑕疵证据。但也可能“情况说明”成为侦查机关不想补充证据，甚至是故意不补充证据的托词。

3. 情况说明是补救的主要方式

对于法院要求补救的44处瑕疵，控方采用“情况说明”进行解释占补救瑕疵的68.2%。“刑事诉讼中的情况说明，是指侦查机关和检察机关的侦查部门就刑事诉讼中的案件事实问题和证据问题予以解释、说明的书面材料。”[②] 我国司法实践中，情况说明适用范围广泛，内容涉及事项类别繁多，常被侦查机关和检察机关用于填补证据漏洞、修补证据瑕疵。控方采用“情况说明”对瑕疵证

---

① 李云昭：《对公安刑事执法中违反诉讼程序现状探析》，载《云南公安高等专科学校学报》2002年第4期。

② 曹广宇：《刑事诉讼中的情况说明实证研究》，西南政法大学2011年硕士学位论文。

据进行补救的原因主要有两个：一是这种补救方式可以降低补充侦查难度，缓解证明困境。由于瑕疵证据的补救是对以前发生的收集证据的违法行为的补救，由于时间的流逝性、侦查条件的失去，往往使上述证据的重新收集丧失客观条件，这就决定了需要适用情况说明以缓解证明困境。[①] 二是可以缩短诉讼时间，节约诉讼成本。控方采取情况说明的方式对鉴定意见、勘验检查笔录进行补充，而不是重新制作，“可以使案件尽早进入下一个诉讼阶段，有利于缩短整个办案时间，节约办案成本投入”。[②] 因此，情况说明在刑事诉讼中“常被人为地提高到法定证据的地位，充当侦查机关用以填补证据漏洞、修补证据瑕疵的‘万能文书’”。[③] 公诉机关指控案件的证据目录中包含一些情况说明，法院的判决书有时也将某些情况说明作为认定案件事实的依据。

上述观察结果与应然意义上的补正补救作为瑕疵证据优先补救方式相冲突。合理解释主观补救方式的单一与过度运用很可能会侵蚀自由裁量权排除规则，立法确立的瑕疵证据补正规则有可能被异化为瑕疵证据的不排除规则，从而违背立法初衷。观察显示控方出具情况说明的随意性较严重，如上述实例四中所列的情形，侦查机关没有“扣押清单”和提取笔录，事后仅由侦查人员采用“情况说明”的形式进行解释。而且更为严重的是，有许多“情况说明”试求通过合理解释来印证证据信息的真实性，指向了案件据以定罪量刑的案情。为此，我们认为，补救方式是刑事瑕疵证据理论与实践的基础，目前单一或选择式立法不但不利于刑事瑕疵证据法律制

① 参见王丹：《情况说明的证据越位——对〈非法证据排除规定〉第七条第三款的检讨》，载《人大研究》2011 年第 6 期。

② 李春刚、王凯：《办案情况说明的证据学思考》，载《证据科学》2009 年第 2 期。

③ 王丹：《情况说明的证据越位——对〈非法证据排除规定〉第七条第三款的检讨》，载《人大研究》2011 年第 6 期。

度的适用，还有可能会模糊瑕疵证据与非法证据，架空立法确立的刑事瑕疵证据制度规则与理论。未来立法有必要对此作出修正，改“可替代”立法模式与合理解释单一补救模式为“补正与解释并存”模式。此立法模式通过加大控方补救责任的方式可以纠正控方使用单一合理解释补救方式之倾向，契合证据认定中的主客观相统一原则。

（三）瑕疵证据补救结果的分析

瑕疵证据规则确立的功能，一方面，通过瑕疵证据的补救措施，以消除该类证据不真实的可能性；另一方面，通过法院审查瑕疵证据，并要求控方进行补救，起到一定的惩戒侦查人员非法取证行为的作用。基于此功能，瑕疵证据补救后的处理结果应该有两种可能：采纳或排除。经过补救的瑕疵证据如果没有达到法院采纳证据的标准，法院应当排除该证据的适用。只有保持法院排除补救后瑕疵证据适用的可能性，瑕疵证据规则方可成为抑制侦查人员违法行为的一种救济途径。“作为一种附条件的程序决定，责令补正等于给了办案人员进行必要补救的机会。但是，假如办案人员没有利用这一机会，甚至抗拒法院的补正命令，即构成对其义务的违反，则要承担相应的法律责任，也就是带有惩罚性的法律后果。没有这种法律后果，任何办案人员都有可能拒绝执行法院的程序命令，那些本有机会加以补正的程序瑕疵也最终无法得到必要的补救。”那么，“人们也有理由将其视为两个证据规定的起草者所作的重大妥协，最终可能变成/经过补正后的不排除规则”。[①] 不幸的是，调研结果显示出学者们的担心不无道理。控方补救瑕疵证据在补救措施和理由普遍并不完善的情况下，除极个别情形被排除外，93.2%的补救后瑕疵证据最终都被采纳作为定案的依据。

调研显示，补救的44处证据瑕疵仅有3处瑕疵经补救后没有被法院采纳，这3个补救后未被采纳的瑕疵证据均是数额方面存在

① 陈瑞华：《瑕疵证据的补正规则》，载《中国法学》2012年第2期。

矛盾，其中有两个是毒品数量存在出入，另一个是盗窃金额有误，最终法院从有利于被告人利益的角度，认定了较少的数量，没有采纳控方的补救。其余经过补正或解释的瑕疵证据均被作为定案的证据。法官是依据什么标准准许这些证据进入法庭作为定案的依据呢？从调研的情况分析，大多通过“情况说明”补救的瑕疵证据并没有对其合法性进行充分、合理的解释，法官依然采纳了该证据。法官要求补救的瑕疵证据本身即是经过选择后对案件实体结果有一定影响的证据，不少法官认为，即使经过补救后的瑕疵证据未达到合法性要求，如果不影响其真实可信度，不会影响案件的最终结果，不妨碍案件事实真相的发现，就应当采纳。很明显这种观点是“结果中心主义”的体现，这一采纳标准，很难起到抑制侦查违法行为的救济作用，也难以达到警示侦查机关的功效。

三、刑事瑕疵证据补救规则失灵的解释

观察与分析表明，瑕疵证据补救规则的实际运行状况并不乐观。规范层面上，法官对于瑕疵证据必须要求控方进行补救，没有赋予法官自由裁量权；对于补救后的瑕疵证据，法官将视控方的补救结果作出不同的裁定，若法官审查认为控方的补正或解释说明达到了合理的程度，就将该瑕疵证据作为定案依据；反之，若法官审查认为控方的补救未达到合理的程度，则裁定将该瑕疵证据排除于法庭之外。而在制度运行中，法官通常会预先对证据瑕疵进行审查，认为可能影响案件事实的瑕疵方要求控方补救。而且补救后的瑕疵证据只有少数被排除，绝大多数都被法院采纳作为定案的依据。瑕疵证据规则为何没有发挥其应有的功能，为什么法官在处理瑕疵证据时，考量最多的是证据的真实性原则，而对其他问题不予关注。对此，可以从以下几个方面加以解释：

（一）从诉讼结构角度的解释

瑕疵证据规则的运行需要法官的裁判权保持最基本的中立。美国法学家波斯纳曾将法官比喻为“戏剧观众”，戏剧观众是超然

的；法官作为案件审理的观众，与案件结果没有利害关系，案件结果的依据在于法官广泛的人生与政治偏好以及他们的法律知识与经验。[①] 也许波斯纳的分析对大多数西方国家的法官是适用的，但却未必适合我国的法官。在我国，"侦查、起诉、审判机关之间的一体化与互相配合的递进式推进关系，使得控、审机关之间更多地以一种彼此信任的心态强调互相配合，强调各诉讼阶段的前后相继性"。[②] 因此有学者提出，"中国的刑事审判前程序在构造上仍不具有基本的'诉讼形态'，没有形成那种有中立的裁判者参与、控辩双方平等交涉的司法格局"。[③] 我国的诉讼结构更像"流水线"式的操作模式，侦查、起诉、审判三个程序更像是流水线上的操作工，三机关通力合作、互相支持、协调一致共同揭露犯罪、证实犯罪、惩罚犯罪，没有形成通过法庭审理过程形成裁判结论的机制。

作为一种重要的约束权力的规则，瑕疵证据的审查、补救，乃至排除适用，实质上是法院对侦查机关侦查行为合法性的审查规范。但彼此信任、相互配合的"流水线"式诉讼构造容易造成法院失去基本的中立性，导致庭审流于形式。法官对证据的审查很大程度依赖控方提供的书面材料，对案卷笔录的证据能力很难做实质性的审查。调研结果显示，绝大多数案件的庭审中，没有证人出庭作证，公诉方的举证无论是证人证言、辨认过程、现场勘验、被害人陈述还是抓获经过，几乎都是通过宣读侦查案卷笔录的方式进行。被告人及其辩护人只能对这些笔录发表意见，没有进行真正"质证"的机会。法庭没有采用直接言词的辩论式审理方式，而是

---

① 参见［美］理查德·A. 波斯纳：《超越法律》，苏办译，中国人民公安大学出版社 2001 年版，第 146~151 页。

② 左卫民：《中国刑事案卷制度研究——以证据案卷为重心》，载《法学研究》2007 年第 6 期。

③ 郎胜主编：《刑事辩护与非法证据排除》，北京大学出版社 2008 年版，第 81 页。

采取书面、间接的审理程序，庭审的功能无法充分地发挥出来。瑕疵证据问题是一个专业性很强的问题，如果被告人没有辩护人或辩护人不尽心，法官又不主动审查证据瑕疵，瑕疵证据问题便游离于法庭审判之外，不会成为法庭审理的对象。而且，法官长期以来形成的思维定式是"内容真实并具有关联性"是审查证据的前提条件，即使有些案件在审理过程中，法官虽然对瑕疵证据已有清晰的认识，但也认为瑕疵证据仅是轻微违法的结果，如果为此要求控方进行补救，可能被视为"不给公安、检察面子"，影响公、检、法三家的关系，造成政法机关之间的失和，给法院今后的工作带来负面影响。即使要求补救，大都是由侦查机关出具"情况说明"对瑕疵证据进行解释，法院一般也会采信侦查机关的一面之词，不会拒绝采纳这一证据，更不可能因证据瑕疵而放纵罪犯。因此，"在公、检、法三机关的关系出现问题的情况下，立法者所设计的几乎所有的刑事程序都很难逃脱被规避的命运"，① 瑕疵证据规则也注定只能流于形式，这似乎是我国权力分工的现代化因素与权力一体化的本土现实性因素相结合的妥协性反映。

（二）从结果考核角度的解释

我国刑事诉讼法修改时，立法上已重视程序正义，但是追求实体结果的观念仍然在司法机关的规定及司法人员的头脑中存在。以我国法院系统的考核指标为例，就能够清晰地看到过于注重结果考核的倾向，这一定程度阻碍了瑕疵证据规则的运行。

我国法院系统，"评价法官绩效的主要标准是工作量以及正确率，而正确率的衡量尺度则以有无改判或发回重审为主要依据，这在很大程度上是依赖于对实体真实的认定而非对程序公正的把

---

① 陈瑞华：《刑事诉讼的中国模式》，法律出版社2010年版，第325页。

握”。[①] 例如，最高人民法院下发给各法院的考核指标，共三大项25小项；第一大项公正指标含10小项，其中五项是“一审上诉改判率、一审上诉发回率、生效案件改判率、生效案件发回率、法院司法赔偿率”，也就是说，公正指标中50%的依据是上级法院对下级法院案件判决结果的认定，而且现行的错案评价体系也都是以裁判结论正确与否作为主要标准。又如，我们调研的某法院2012年业绩目标管理责任书中，办案质量占50分，主要包括“所办案件无错案，案件评查率达到95%；判决案件上诉率；上诉案件改判率按本院审判业务庭排序；生效案件改判率按本院审判业务庭排序；发回重审率按本院审判业务庭排序；申请再审率按本院审判业务庭排序”，这些指标也是以办案结果为考核标准。对于发回重审的案件，刑事诉讼法规定违反公开审判原则、回避制度、审判组织制度等较为严重的法律程序的行为，二审法院应当发回重审；其他发生在审判阶段的轻微违法行为如何处理，法律规定模糊；司法实践中，因为瑕疵证据没有补救而发回重审的案件极为个别。

由于目标管理和考核重视结果，法官所作的裁判如果被宣布为错误，即使法官严格遵守法律规定，也会受到不利的评价甚至受到处罚。但是错案的发生其实有很大的偶然性，审判制度本身就是一种“不完善的程序正义”。美国学者罗尔斯曾论述：“即便法律被仔细地遵循、过程被公正、恰当地引导，还是有可能达到错误的结果。一个无辜的人可能被判有罪，一个有罪的人却可能逍遥法外。在这类案件中，我们看到了这样一种误判：不正义并非来自人的过错，而是因为某些情况的偶然结合挫败了法律规范的目的。”[②] 目标管理和考核却不会考虑这些因素，它只注重结果。这种结果考核

---

① 吴丹红：《非法证据排除规则的实证研究——以法院处理刑讯逼供辩护为例》，载《现代法学》2006年第4期。

② ［美］约翰·罗尔斯：《正义论》，何怀宏等译，中国社会科学出版社2001年版，第85页。

制度给瑕疵证据补救规则的运行带来的负面影响是，法官考量瑕疵证据是否补救的重点，主要是考虑该证据瑕疵是否足以影响证据的可靠性，或者是该证据是否对案件实体结果有影响，并不过多地关注该瑕疵经补救后是否合理，是否达到了可采纳的标准。因为只有注重证据可靠性的审查，才能防止出现错案，才能降低二审改判或者发回重审的可能性。而且，法官不仅就该证据本身的可靠性进行考量，还会综合考量全案中其他证据相互印证的情况而作出是否要求补救的决定。法官不会因为某一瑕疵证据的补救不符合标准，而放纵犯罪作出一个显然从结果上判断是错误的判决。这一考量过程充分说明，我国司法实践中长期以来形成的“重实体、轻程序”的传统观念根深蒂固，严重挤压了瑕疵证据规则的适用空间。

（三）从利益驱动角度的解释

“为了实现特定社会目标，作为社会的个体，必然会考虑手段对实现目标的效益，以最小的成本达到最大的利益。”[①] 追求审判活动的高效率、避免案件的积压和诉讼的拖延，几乎是所有法官在审判中的共同目标，也是法院考核的主要指标。最高人民法院考核指标的“效率指标”中第一项即是“结案率”。我们调研的某法院的业绩目标责任书中“办案效率”占 20 分，要求所办一、二审案件结案率达 98%，而且无超审限案件。但全国法院系统，“案多人少”已是一个公认的事实。据统计，“2010 年各级法院审结一审刑事案件 76.7 万件，判处罪犯 99.7 万人。2012 年全国各级法院共审结一审刑事案件 84 万件，判处罪犯 105.1 万人，同比分别上升 7.7%和 4.4%”。[②] 与此相对应的却是司法资源严重缺乏，我们调研的三个法院，每年每位法官办理的刑事案件数量平均都在一百件

① ［德］马克斯·韦伯：《论经济与社会中的法律》，张乃根译，中国大百科全书出版社 1998 年版，第 3 页。

② 张军、江必新：《新刑事诉讼法及司法解释适用解答》，人民法院出版社 2013 年版，第 13 页。

以上。

目标考核结果不仅可能影响法官的年终评优，还可能影响法官的声誉、形象乃至今后的升迁，所以注重结案率的考核指标，引导法官追求最大化的审结案件数量，追求最短的案件审结时间，并尽可能减少不必要的拖延。利益永远是行动的指标，趋利避害也是人之本能，理性人一旦意识到严格遵守法律规定会造成自己的利益受损，便可能采取各种规避法律规定的行为。法官补救瑕疵证据时也会进行利益权衡，既然不要求补救瑕疵证据不会导致发回重审的不利后果，也不会引起案件实体上的差别，法官就会关注补救所影响的个人利益。一旦要求控方对瑕疵证据进行补救，只会加大自己的工作量，可能还会造成反复休庭，拖延结案，导致审判活动效率下降，因此法官适用瑕疵证据规则的动力就大打折扣。在座谈中，一位基层法官明确表示，法院对于非法证据都难以保证全部进行审查排除，对于不影响案件定罪量刑的瑕疵证据更没有精力关注。因此，在案件裁判结果已经产生预断的情况下，对瑕疵证据的补救有时会被法官视为一种负担。

（四）从规则构造角度的解释

瑕疵证据补救的操作程序是该规则得以建立和实行的保证。刑事诉讼程序应当具备最基本的可操作性，有学者提出：“刑事诉讼程序的基本构成要素应当有以下几个方面：（1）程序的推动者和申请者；（2）负责授权的主体；（3）所要决定或裁决的事项；（4）有关的裁决方式；（5）有关的证明责任和证明标准；（6）必要的裁决结论；（7）违反规则的法律后果；（8）相关的救济途径。”[①] 我们依据上述要素，以《死刑案件证据规定》第 21 条[②]有关被告人供述瑕疵证据审查的规定为例进行分析。

该规定已有的构成要素包括：1. 瑕疵证据审查的主体是法院。2. 审查的内容是“讯问笔录是否存在：（1）讯问笔录填写的讯问时间、讯问人、记录人、法定代理人等有误或者存在矛盾的；（2）讯问人没有签名的；（3）首次讯问笔录没有记录告知被讯问人相关权利和法律规定的”等瑕疵。3. 裁决的结论是“经补正或解释后可以采纳；不能补正或解释的，不能作为定案的依据”。

同时，从该条规定来看，也因为缺乏一些要素使之可操作性降低：（1）请求审查存在瑕疵证据的申请者和推动者不明确。依据规定的上下文可以推导出，法院应当主动审查是否存在瑕疵证据，被告人及其辩护人也可以申请法院审查。（2）裁决的方式不明确。法院审查发现存在瑕疵证据，应当适用什么样的文书，是用裁定还是决定。查阅的案卷中，法院要求控方补救瑕疵证据的案件，没有任何正式的法律文书，我们推断可能是口头通知控方补救。（3）证明责任和证明标准不明确。谁来证明瑕疵证据补救后是否达到证明要求，而要达到多高的要求证明责任才得以卸除？（4）审查程序如何运作。法院采取什么方式审查瑕疵证据的补救情况。（5）当法院对瑕疵证据问题视而不见，不审查或作出错误判断时，如何救济。在一系列问题没有得到明确解决的情况下，瑕疵证据规则难以发挥效用。

---

① 陈瑞华：《程序性制裁理论》，中国法制出版社 2005 年版，第 23~24 页。

② 《死刑案件证据规定》第 21 条规定：“讯问笔录有下列瑕疵，通过有关办案人员的补正或者作出合理解释的，可以采用：（一）笔录填写的讯问时间、讯问人、记录人、法定代理人等有误或者存在矛盾的；（二）讯问人没有签名的；（三）首次讯问笔录没有记录告知被讯问人诉讼权利内容的。”（同最高法《解释》第 82 条规定）

四、刑事瑕疵证据补救的保障机制

瑕疵证据补救规则是我国调和刑事诉讼中发现实体真实与保障人权关系的折中制度。然而对三区法院的调研结果表明，瑕疵证据补救规则的实践在较大程度上背离了规范的预期，主要表现为过于重视证据的真实性以实现实体正义，而瑕疵证据规则的制裁功能没能充分凸显。基于对瑕疵证据规则失灵的原因解释，重点可以进行以下方面的调整。

（一）建立庭审中心主义的诉讼模式

流水线式的诉讼构造呈现出以侦查为中心的特点，审判几乎完全依赖侦查提供决策信息。检察机关通常直接以案卷中的证据材料作为指控证据，法官无法接触证人，接触的是控方提供的书面材料，不自觉地会以控方的眼光来审判案件，极容易丧失法官的中立性。要改变这一问题，就要强调法庭审理的重要性，建立以庭审为中心的诉讼构造，引入直接言词原则，从文书中心主义向人证中心主义转变。侦查阶段、审查起诉阶段的证据收集与审查，必须通过法庭审理来展现和检验，按照质证的严格要求，落实法庭举证活动，把对侦查机关的无条件信任转变为有条件的信任。虽然这是一个困难而痛苦的转型，但必须认识到其他诉讼程序只是审判程序的准备程序，这些程序必须以服务庭审为目的，其成效直接或间接地通过庭审得到检验或体现。

瑕疵证据主要反映在收集证据的各种书面材料出现不符合法律规定的情形上，要减少甚至杜绝这种情形，最根本的解决方案是庭审中不再使用案卷材料代替证人作证。侦查阶段证据收集过程，必须通过证人出庭作证的方式在法庭审理中展现和检验，部分证据笔录中的瑕疵问题在庭审中可得到解决。例如，最常见的物证类瑕疵证据是各种笔录上缺少见证人签名，如果要求见证人出庭作证，便可审查出这类瑕疵究竟是没有见证人还是因为疏忽见证人没有签名。同时，为了限制控方补救的随意性，保障瑕疵证据补救规则的有效运行，法院应当通过庭审程序审查瑕疵证据的补救措施是否合理，补救后的瑕疵证据是否达到可以采纳作为定案证据的标准，充分发挥庭审的功能辨别证据的作用。法官按照证据的合法性要求进行审查，经审查补救符合要求，采纳作为认定案件的依据；如果经审查补救后的证据，其合法性难以保证，法官应当排除其适用。唯有保留对瑕疵证据排除的权力，才能有效地遏制违法侦查行为，维持司法裁判的权威性，宣示法院是正义的最后堡垒。

（二）健全法官评价机制

瑕疵证据规则的有效运行，需要各种手段将外部效应内部化，鼓励法官重视瑕疵证据问题，其中一个有效的措施即是完善法官考评指标。在考评指标中，程序公正指标与实体公正指标缺一不可。司法实践中，许多没有得到当事人信服和社会公众认同的案件，并不是实体处理不公，而是因为法定程序没有得到切实遵守，引发质疑，因此，法官评价体系中程序公正也非常重要，证据合法性审查也应当作为业绩评价的一个指标，二审法院对上诉案件中出现的瑕疵证据，应当严格审查，及时向下级法院指出并要求其进行纠正；必要时，可以对存在瑕疵证据的案件发回重审。

同时，健全评价机制也是解决办案压力的手段之一。虽然为了解决案多人少的矛盾，进一步严格规范办案要求，但《刑事诉讼法》修改时适当延长了审理期限。我们认为，适当地调整评价体系中对量化考核和排名的过度强调，也可起到减压的效果。“审判的价值包括质和量或者说质和效两个方面，如果说量或效的价值较易通过量化考评来反映，那么质的价值则难以通过量化考评来反映，而且过度追求量化考核和数据排名往往会影响审判质的价值实现。”① 评价体系应当要求在确保案件质量的基础上，实现公正与效率的有机统一。

---

① 易承志：《优化法院审判管理的新思考》，载《理论探索》2012 年第 5 期。

（三）法院充分认识瑕疵证据问题的重要性

我国欲在司法实践中防止程序违法行为的大量出现，就必须建立一套有效的纠错与制裁机制。瑕疵证据规则中确立法院责令控方对瑕疵证据的补救，即是一种纠错与制裁机制。通过问卷与访谈了解到，“两个证据规定”出台后，有基层法院没有组织法官认真深入学习；有法官对瑕疵证据问题不清楚、不掌握。另外，基层法院案件人多手少，法官没有过多精力审查瑕疵证据。

《死刑案件证据规定》和最高法《解释》列举的瑕疵证据大多是违反技术性或手续性程序规则的后果，虽然违反这些规定的结果一般不会直接造成证据事实的错误，形成冤假错案，也不具有明显的侵权后果，但仍然有潜在的错误风险。[①] 例如，为了保证书证复制件的真实性，要求收集人与提供者签名，并记载复制过程与原件存放何处的说明等。如果书证复制件没有制作过程说明，没有签名，大多数情况下不存在侦查人员伪造书证的可能性，但仍然存在这种风险，这使得书证的真实性将受到影响。又如，各种笔录上缺少签名或者盖章，也会引起人们对这些人员是否参加了侦查活动的合理怀疑。因此，法院通过责令控方进行必要的程序补救，可以消除人们对证据真实性的怀疑，避免可能不真实、不可靠的证据成为法院定案的根据。同时，“责令补正”本身带有程序性制裁的性质。所谓“补正”，是法院在侦查行为存在“程序瑕疵”之后，责令公诉方对“瑕疵证据”作出补充和纠正的行为。对于侦查人员违反法律程序的行为，法院宣告其存在“程序瑕疵”，这属于对非

---

① 司法实践中，法院给予侦查人员充分信任，认为警察是绝对忠诚的，至少不会故意伪造、变造证据，他们没有动机也没有必要伪造、变造证据。也正是这样的信任导致侦查人员取证规范意识较弱，长期形成了习惯，认为内容属实即可，自己作为侦查人员又不会故意去诬陷他人，不签名、不盖章、不说明来源等小瑕疵，不会影响案件的真相。但实践中出现的错案，也恰恰说明这种可能性是存在的。

法侦查行为的一种权威谴责。[①] 这种谴责有助于侦查机关加强对瑕疵证据的规范，减少瑕疵证据的出现。

所以法院必须充分认识到瑕疵证据规则的重要性，对于侦查阶段出现的瑕疵证据进行必要的监督与制裁。如果法院对瑕疵证据问题置之不理，法律的权威将难以体现。

（四）完善瑕疵证据规则的操作程序

瑕疵证据规则如果没有具体的操作程序，就会成为空中楼阁，完善该规则的操作规程是其有效运行的保证。“两个证据规定”和最高法《解释》虽然规定了瑕疵证据的种类，却没有规定具体的操作程序，还使得瑕疵证据规则形同虚设。我们建议从以下方面完善瑕疵证据补救的操作程序：1. 瑕疵证据是否应当补救的审查提出主体。法官依法具有主动审查瑕疵证据的权力；如果法官没有主动审查，被告人及辩护人有权向法官提出，请求法官审查某一证据是否为瑕疵证据，最终由法官作出是否要求补救的裁定。2. 瑕疵证据补救主体。瑕疵证据应当由提供证据的一方补救，在我国大多数证据是由控方提出的，当然这些证据的瑕疵也由控方补救。3. 瑕疵证据补救的审查主体。在法庭审理阶段，法院或者法官是当然的审查主体，由法庭对瑕疵证据的补救是否合理，补救后是否达到采纳标准作出审查与判断。4. 瑕疵证据补救的标准。至于瑕疵证据补救到何种程度才能被采纳，我国立法没有作出规定。瑕疵证据的补救标准是一种程序证明，一般比实体实事的证明标准低，因此瑕疵证据补救只需达到“优势证据”的标准即可。5. 瑕疵证据补救的审查时机。瑕疵证据补救的审查置于庭前会议阶段比较适宜，这样不会影响案件的庭审进程，造成不必要的休庭。庭前会议中，控辩双方可就瑕疵证据的补救是否达到要求进行辩论。如果在庭前会议中对证据的瑕疵问题控辩双方未能达成一致意见，法官也未能作出裁决，控方可在法庭审理时就这一问题进一步解释说明，

① 陈瑞华：《论瑕疵证据补正规则》，载《法学家》2012 年第 2 期。

使法官相信该证据瑕疵已得到弥补，已具备证据资格，可以作为定案的依据。如果法官认为该瑕疵未能达到补救要求，应当裁决排除该证据的适用。

第四章 基于实证基础的刑事瑕疵证据界定

一、刑事瑕疵证据概念的发展流变

（一）刑事瑕疵证据概念的提出

“法律概念可以被视为是用来以一种简略的方式辨识那些具有相同或共同要素的典型情形的工具。它为统一地和一致地调整或处理相同或基本类似的现象奠定了基础。”[①] 从一个概念出发，追踪其衍生和发展的脉络，有助于理解和解释概念的本质。

资料显示，刑事诉讼中的“瑕疵证据”一词最早由申夫、石英于1998年在《刑事诉讼中“瑕疵证据”的法律效力探讨》一文中提出。[②] 在此之前，比较流行的提法是“非法证据”[③]、“违法证

① ［美］E. 博登海默：《法理学——法律哲学与法律方法》，邓正来译，中国政法大学出版社1999年版，第484页。

② 参见申夫、石英：《刑事诉讼中“瑕疵证据”的法律效力探讨》，载《法学评论》1998年第5期。

③ 参见张桂勇：《论对非法证据的排除》，载《中国人民大学学报》1995年第6期；简布礼、余向阳：《非法证据效力的矛盾冲突与协调》，载《中央政法管理干部学院学报》1997年第6期。

据”[①]、“非法获得的证据”[②]和“有污点的证据”[③]。申文指出，上述概念虽然在某种程度上揭示了该类证据的基本内涵，但都不太确切，因而提出了“瑕疵证据”的概念。瑕疵证据，是指侦查、检察、审判人员违反法律规定的权限、程序或用其他非正当的方法收集的，用于确定犯罪事实是否存在、被告人是否有罪和罪责轻重以及其他有关案件真实情况的一切事实，即收集程序和方法存在缺陷。申文进一步阐释，一般而言，以暴力、胁迫、利诱、欺诈、违法羁押等不正当方法收集的被告人供述、被害人陈述、证人证言等言词证据，以及以违反法定程序的方式（如违反法定程序进行搜查、扣押、勘验等）收集的实物证据，都属于本文所说的瑕疵证据的范围。可见，最早的瑕疵证据与非法证据在理论界并无实质区分，只是称谓不同。同时，申文认为瑕疵证据只要经过查证属实就应承认其具有法律效力，不能因收集证据方法、程序的非法而否认证据客观真实性的法律效力，可以视非法收集行为情节的轻重分别作出不同的处理。之后的其他研究者对瑕疵证据的探讨基本都是在申夫、石英提出的范畴内进行，不同之处在于对瑕疵证据证明力及

---

① 参见傅宽芝：《违法证据的排除与防范比较研究》，载《外国法译评》1997年第1期。

② 参见熊秋红：《英国刑事诉讼中对非法获得的证据处理之评析》，载《中央检察官管理学院学报》1997年第2期。

③ ［美］乔恩·R. 华尔兹：《刑事证据大全》，何家弘等译，中国人民公安大学出版社1993年版，第199页。

其取舍问题存在不同见解。①

（二）刑事瑕疵证据内涵的发展

2007年，万毅提出应当从概念上区分“非法证据”与“瑕疵证据”，这是各国构建非法证据排除规则的前提。② 他认为，学界有人主张对非法证据进行广义理解是对非法证据排除规则的误解，它将导致非法证据概念的外延过于宽泛，进而导致非法证据排除规则的适用范围过度扩张。合理地限定非法证据排除规则的适用范围，成为构建非法证据排除规则的一个前提性问题。只有当一项证据的取得方式严重侵犯了公民的基本权利（即所谓“重大违法”）

① 当时对刑事诉讼中瑕疵证据的效力问题有五种代表性的观点：第一种观点是真实肯定说，持该观点的学者认为瑕疵证据经过查证属实后可以作为刑事证据使用。（参见戴福康：《对刑事诉讼证据质和量的探讨》，载《法学研究》1988年第4期）；第二种观点是排除加例外说，持该观点的学者主张原则上否定瑕疵证据的法律效力，但在某些例外情况下可以采纳瑕疵证据（参见谢啸林：《论私录视听资料的排除与采信》，载《法学》1997年第2期）；第三种观点是线索转化说。该说主张瑕疵证据不具有证据能力，但是可以将瑕疵证据转化成发现刑事证据的线索，根据瑕疵证据提供的信息获取刑事证据（参见赵厚轩：《司法机关在办案过程中对非法证据材料取舍之我见》，载《当代检察官》1996年第5期）；第四种观点是不予采纳说，持此种观点的学者主张绝对排除瑕疵证据，即使瑕疵证据被查证属实，也不能当作定案依据。（参见许江涛：《试论刑事诉讼中的瑕疵证据》，载《洛阳师范学院学报》2002年第4期；杨玲：《试论刑事诉讼瑕疵证据及其证明力》，载《西南政法大学学报》2005年第2期）；第五种观点是区别对待说，持该说的学者主张区分瑕疵言词证据和瑕疵实物证据，认为违法收集的言词证据不得作为定案的根据，而违法收集的实物证据是否可以作为定案的根据，由法庭根据取证行为的违法程度和案件的具体情况决定。（参见徐静村主编：《中国〈刑事诉讼法〉第二修正案学者拟制稿及立法理由》，法律出版社2005年版，第86页）。

② 参见万毅：《非法证据排除规则若干操作问题研究》，载《中国刑事法杂志》2007年第3期。

时，该证据才是非法证据，才应当从程序上予以排除；其他所谓不符合“合法性”要求的证据，并非一定就是“非法证据”，而仅仅只是“瑕疵证据”，对其在政策上不是强调“排除”，而是要求“补正”，可以通过转化而作为证据继续使用。结合我国实践中的具体做法，万毅提出补正“瑕疵证据”的方式包括重新予以制作、征得当事人同意、重新调取原物、原件以及其他方式。他同时强调，实践中不区分“非法证据”与“瑕疵证据”，对于非法证据往往也采用重新收集的方式来予以补正，使实践中最高检、最高法司法解释中所初步确立的非法证据排除规则，根本无法得到适用。所以，对于因重大违法而构成非法证据的，不得进行所谓的“转化”或者“补正”，如果允许被排除的非法证据通过重新收集的方式“死灰复燃”，那么，非法证据排除规则将名存实亡。

2007 年，施燕华在其硕士学位论文中对瑕疵证据进行了比较系统的研究。[①] 她认为，瑕疵证据有别于非法证据，它是指侦查机关在收集调查证据过程中，采用一些违法程度轻微、尚未侵犯公民宪法性权利的手段取得的证据。非法行为的违法程度（是否控制了相关人的意志）是区分非法证据与瑕疵证据的关键。同时，她提出效力的待定性是瑕疵证据的一个主要特点，瑕疵需要经过一定程序、一定要求的转化，包括补正、修复、事后同意等多种方式，才转为合法证据。对于瑕疵证据与非法证据的关系，该文认为这两者都是取证行为，包括程序、方法和手段上存在不合法因素，但因违法程度的不同、表现形式的不同，而有明显的区别。区别在于：侵犯的客体不同、带来的实际后果不同、社会容忍度不同、是否可以重新取证不同。在她看来，证据包括不合法证据与合法证据，不合法证据中包括非法证据、瑕疵证据与其他不合法证据，但什么是其他不合法证据该文并未进行明确的界定。

---

① 参见施燕华：《论刑事诉讼中瑕疵证据的转化》，上海交通大学 2007 年硕士学位论文。

2008年，韩旭在其文中提出“不规范证据”的概念，认为法律表现为一系列的规范体系，不规范证据，是指不符合法律规范性要求所形成的证据材料，它包括程序不规范、主体不规范和形式不规范。根据其不规范的程度，又可将“不规范证据”分为三种不同性质和类型的证据，即“非法证据”、“要件欠缺证据”和“瑕疵证据”。① 他认为，“瑕疵证据”，是指取证的主要程序、手段、方法合法，仅在某些环节上存在一定缺陷或轻微的技术性违法，未侵害犯罪嫌疑人、被告人相关权利所获得的证据材料。② 在他看来，瑕疵证据和非法证据都涉及取证程序问题，但前者涉及技术性违法和轻微违法，而后者涉及严重侵害公民权利。

瑕疵证据的概念最初与非法证据混同，随着研究的不断深入，学者们逐渐认识到取证手段和程序上的违法性存在程度上的区别，若轻微违法导致证据能力受到质疑，使得证据无法使用就会造成很多案件难以认定。所以，瑕疵证据的界定中出现了对违法性的具体分析，万毅将非法性界定为重大违法以外的不符合“合法性”要求；施燕华将非法性界定为违法程度轻微、尚未侵犯公民宪法性权利；韩旭将瑕疵证据的违法性界定为“取证的主要程序、手段、方法合法，仅在某些环节上存在一定的缺陷或轻微的技术性违法”。

(三) 刑事瑕疵证据内涵的理解

2010年“两高三部”联合颁布《死刑案件证据规定》和《非法证据排除规定》，首次在规范层面上确立刑事瑕疵证据概念，瑕

① 参见韩旭：《刑事诉讼中不规范证据的处理》，载《成都大学学报（社科版）》2008年第2期。

② 韩旭在其文中举例，如法律要求讯问（询问）时，侦查人员二人参加，中途一人离去，这是主体瑕疵；搜查、勘验时没有见证人在场或签名；扣押没有开列清单；讯问笔录上只记载一个讯问人的名字或者讯问时间记录有误；证言笔录上被询问人忘记签名；由于疏忽大意法律文书上忘却盖印章等。

疵证据成了研究的热点问题，对于瑕疵证据概念及属性等问题的探讨也进一步深入。[①] 龙宗智教授指出，在中国，目前不够完善的法制客观条件、质量不高的法制主观条件，且犯罪高发办案机关工作压力较大的情况下，证据瑕疵难以避免。对此他进一步指出，任何一种法定证据，其构成要素都包括取证主体、取证程序等多方面的要求，其中一些要求属于基本证据要素，而有一些要求则属于非基本的证据要素，前者往往涉及对证据质量的保证以及对公民基本权利的保护，而后者通常只涉及一些技术性、细节性要求，如有瑕疵进行适当的完善即可使其具备证据能力。因此，各国证据法规定应当排除的证据，都严格限制于出现重大违法和基本要素欠缺的情况，而对证据瑕疵仍有一定的容许度。[②] 万毅以证据的可采性作为界定瑕疵证据的标准，他认为“两个证据规定”规定了瑕疵证据，实现了从证据可采性角度对证据类型的三分法：合法证据、瑕疵证据和无证据能力的证据。而瑕疵证据是指在法定证据要件上存在轻微违法情节的证据，属于证据能力待定的证据，其是否具有证据能

---

① “知网”上收录的有关刑事瑕疵证据的论文，从2010年6月至今大约有67篇。其中有代表性的论文包括：万毅：《论瑕疵证据——以“两个证据规定”为分析对象》，载《法商研究》2011年第5期；许建丽、王艳萍：《论刑事瑕疵证据补正规则的完善》，载《江西社会科学》2011年第9期；牟绿叶：《论可补正的排除规则》，载《中国刑事法杂志》2011年第9期；陈瑞华：《论瑕疵证据补正规则》，载《法学家》2012年第2期；夏红、龚云飞：《合法与非法之间——以两个规定对瑕疵证据的立场为切入点》，载《中国刑事法杂志》2012年第3期；纵博：《刑事诉讼中瑕疵证据补正的若干操作问题研究》，载《现代法学》2012年第2期；周欣、马英川：《论刑事诉讼中瑕疵证据的概念与特征》，载《法学杂志》2012年第11期；刘广三、马云雪：《瑕疵证据补正之探析》，载《中国刑事法杂志》2013年第3期等。

② 参见龙宗智：《两个证据规定的规范与执行若干问题研究》，载《中国法学》2010年第6期。

力取决于其瑕疵能否得到补正或者合理解释。① 但有学者指出，这一概念界定的标准是将英美法系中的证据可采性与大陆法系的证据能力作为理论依据，但在同一诉讼环境与理论语境中同时运用两种不同的标准会导致逻辑规则划分上的混乱，譬如合法取证中可能出现证据瑕疵，无证据能力的证据中也可能存在合法证据。② 陈瑞华以是否“可补正”作为界定瑕疵证据的重要标志，即以不同的证据排除规则适用不同的对象，逆向推出瑕疵证据与非法证据的区别。③ 然而这种界定标准会导致“非法实物证据”与“瑕疵证据”之间出现交叉重复的问题。④

要准确把握瑕疵证据的内涵，一方面要从瑕疵证据同证据能力、证明力角度进行分析。有学者认为，刑事诉讼中的瑕疵证据主要解决的是证据能力问题，只有瑕疵证据经过补正具备了证据资格，或者对具有缺损的证据能力能够做出合理解释，达到法庭能够容忍的程度，不至于影响证据的客观性、关联性，其违法造成的危害程度较低时，才可视其为合法证据。而证明力的大小由法官进行自由判断。故瑕疵证据是否具有证据能力是能否作为诉讼证据的前提条件。⑤ 这一分析是建立在大陆法系关于证据能力与证明力关系，以及对案件严格证明的理论体系之上。在我国证据法理论研究中，对证据能力（或证据资格）与证明力这两个概念进行了区分，

---

① 参见万毅：《论瑕疵证据——以“两个证据规定”为分析对象》，载《法商研究》2011 年第 5 期。

② 参见周欣、马英川：《论刑事诉讼中瑕疵证据的概念与特征》，载《法学杂志》2012 年第 11 期。

③ 参见陈瑞华：《论瑕疵证据补正规则》，载《法学家》2012 年第 2 期。

④ 参见周欣、马英川：《论刑事诉讼中瑕疵证据的概念与特征》，载《法学杂志》2012 年第 11 期。

⑤ 参见周欣、马英川：《论刑事诉讼中瑕疵证据的概念与特征》，载《法学杂志》2012 年第 11 期。

一项证据首先应当具备证据能力才能进入诉讼中，而证明力即证明价值大小由法官结合全案证据进行自由判断。但这种理论上的区分在司法实务中应用有限，且大陆法系的“严格证明与自由证明”理论尚未在我国建构起来。鉴于我国诉讼传统上对“实体真实”的执着，对待证据是否可采用更多是从实用主义角度出发，而瑕疵证据的产生就是程序正义与实体真实两者冲突下的一种选择，即尽管收集的证据可能存在一些违反程序法的规定，但若全部舍弃会增加打击犯罪目的实现的难度，于是对这些证据采取一定的补救措施使其可用的需求导致了瑕疵证据的出现。所以，瑕疵证据制度是在我国当前刑事诉讼环境下，程序正义与实体真实冲突与协调过程中的一种制度创新。在司法实务中，证据能力与证明力的考量并没有分成不同的两个阶段，往往是糅合在一起的。所以衡量证据是否可以采用时难以将“该证据是否真实、可靠”这一因素排除在外。倘若某一证据的真实性与可靠性较强，对案件事实的证明价值较大，即便是存在程序违法，法官的第一反应也往往不是排除。所以有必要对程序违法进行补救，以弥补其证据能力，使该证据最终成为定案依据。可以说，瑕疵证据的出现是从证据的证明力出发来考量证据的证据能力的。

另一方面，可以从证据完整性与证据排除之间的关系来分析瑕疵证据制度。证据的完整性，是指在诉讼活动中为了准确认定案件事实，应当尽可能发现案件发生后遗留下的证据，尽可能全面地向事实认定者提供据以裁判的证据，在事实认定中尽可能充分地利用已发现和提交的证据。波斯纳分析了事实发现的四维制约因素，即事实发现能力的有限性、发现客观事实的主观路径、追求客观真实与其他价值目标之间的平衡以及事实发现的成本。①“洛卡德交换

① ［美］理查德·A. 波斯纳：《证据法的经济分析》，徐昕、徐昀译，中国法制出版社 2001 年版，第 10 页。

原理”认为，案件发生肯定会留下客观证据。[①] 但客观证据能够被人类通过技术收集的只是一部分，而作为定案依据的证据就更少。总之，从客观证据到勘用证据再到定案证据是个逐渐衰减的过程，因此刑事诉讼中强调证据的完整性具有现实意义。边沁在《司法证据原理》一书中反对用过分形式化的规则来对证据的衡量加以规范，主张证据法采取不排除规则，并提出“证据是公正的基石：排除证据就是排除公正”。[②] 波斯纳认为证据搜寻的成本属于广义的成本概念，并不仅仅限于时间成本和其他直接成本，还包括搜寻过程中激励效应所引致的间接成本，证明过程的社会目标就在于，使错误成本以及避免错误的成本金额最小化。[③]《美国联邦证据规则》第403条规则规定，即便具有相关性的证据，如果不公正的偏见、混淆争议或误导陪审团的危险实质性超过该证据的证据价值，或者考虑过分迟延、浪费时间或无须提交重复证据之情形的，亦可排除。波斯纳认为，该规则为确立证据法中最具一般意义的问题——即是采纳还是排除证据，设置了一个确定证据可采性的内在的成本—收益公式。[④] 证据排除规则是在完整性基础上的排除，诸多证据规则的发展就是在证据完整性与证据排除之间进行平衡，只

---

① 洛卡德交换原理即物质交换原理，这一理论最早是20世纪初由法国著名侦查学家艾德蒙·洛卡德在其编著的《犯罪侦查学教程》提出。这一理论认为，犯罪的过程实际上是一个物质交换的过程，作案人作为一个物质实体在实施犯罪的过程中总是跟各种各样的物质实体发生接触和互换关系；因此，犯罪案件中物质交换是广泛存在的，是犯罪行为的共生体，这是不以人的意志为转移的规律。

② Peter Murphy (ed), Evidence, Proof, and Facts: A Book of Sources, Oxford University Press, 2003, at 61.

③ ［美］理查德·A. 波斯纳：《证据法的经济分析》，徐昕、徐昀译，中国法制出版社2001年版，第14页。

④ ［美］理查德·A. 波斯纳：《证据法的经济分析》，徐昕、徐昀译，中国法制出版社2001年版，第15页。

有危险性高且证明价值低的证据才会被排除。所以，立法确定瑕疵证据暗含了这一思路，即对于那些危险性不高且具有一定证明价值的证据，通过补救措施降低或消除其危险性后，作为可以采纳的证据。所以，可通过补正而最终采纳的瑕疵证据实际上是在确认该证据真实性的同时认可其证据资格，而对于无法补正或作合理解释的瑕疵证据，因不能确保证据真实性而应依法对该证据予以排除。①

基于证据能力与证明力的关系、证据完整性与排除规则间的关系这两方面视角来分析，可以看出，瑕疵证据的排除规则与非法证据排除规则所关注的问题是不同的。瑕疵证据制度关注的是证据可靠性问题，而非法证据排除制度关注的主要是证据合法性的问题。因此，瑕疵证据概念的界定是瑕疵证据内涵逐渐明晰的过程，也是厘清瑕疵证据同非法证据关系的过程。

二、区分瑕疵证据与非法证据的界限

通过上述分析，我们对瑕疵证据的内涵有了一个初步的理解，瑕疵证据概念的界定与非法证据排除规则在我国的适用与制度发展密不可分，因此有必要对瑕疵证据与非法证据的界限进行理论探讨。

（一）求真是区分瑕疵证据与非法证据的价值取向

美国联邦最高法院通过 1914 年的威克斯诉美国一案正式确立了“非法证据排除”规则。在该案排除非法证据时，联邦最高法院法官写道：“国家执行刑事法律的人员通过非法搜查和强迫供述的手段以达到将被告人定罪的目的，经常在没有搜查证和逮捕证的情况下对嫌疑人采取强制措施，这是违反由联邦宪法所保证的个人权利的，这种倾向不应当在法院的判决中得到庇护。法院在任何时候都担负着维护宪法的职责，任何人在任何情况下都有权向法院要

① 参见戴长林：《非法证据排除规则司法适用疑难问题研究》，载《人民司法》（应用）2013 年第 9 期。

求维护其基本权利，这是对联邦政府及其机构的限制。”① 在1914年威克斯诉美国案的判决中，美国联邦最高法院强烈建议非法证据排除规则只适用于第四修正案的搜查和扣押案件，并再三声明，只有基于违反第四修正案不受不合理搜查和扣押的规定，包括任何通过这种违反规定而搜查的证据，才归入非法证据排除规则。② 可见，美国非法证据排除规则中的非法证据主要是指违反第四修正案的搜查和扣押所获取的证据，这里的“非法证据”不是指证据的形式，仅指国家机构的侦查人员的取证手段非法。从条文的字面意思看，有关违反第四修正案的非法证据排除只限定于实物证据，继第四修正案之后，第五、第六修正案也规定了非法证据。随着非法证据排除规则的发展，非法证据的概念也有所发展，现在泛指一切违法收集的证据。即违反美国宪法第五、第六修正案的情况下取得的证据（通常是言词证据）也应当加以排除，但这一排除主要适用传闻证据规则和自白任意性规则。总的来看，之所以要排除非法证据，是基于一种价值选择，一方面人权保护为国际社会所广泛重视，各国在各自的司法活动中也逐渐认识到人权保护的重要性，而非法证据直接侵犯到被告人的人权；另一方面警察的非法取证行为亟待制止，只有侦查人员以身作则遵守法律才能保障刑事诉讼过程中的高效性和公平正义。因此，限制政府滥用权力，保障公民基本宪法权利的实现是该证据规则确立的价值基础。

然而，我国之所以在确立非法证据排除规则过程中提出了“瑕疵证据”概念，源于对非法证据排除规则确立的价值取向有不同认识，即不完全从限制公权力滥用，保障公民宪法权利出发，而是更多地着眼于对冤假错案的避免与事实真相的追求。有学者认

---

① 杨宇冠：《非法证据排除规则研究》，中国人民公安大学出版社2002年版，第24页。

② 参见［美］罗纳尔多·V. 戴尔蒙德：《美国刑事诉讼——法律和实践》，张鸿巍等译，武汉大学出版社2006年版，第107~108页。

为:“实事求是是我国证据制度的核心，我国刑事诉讼法追究实质真实，而不是只要求形式上合法，把真实而相关联的证据予以排除，不利于案件事实的查明，从而导致放纵犯罪。”① 基于这种价值选择，只有“虚假”的非法证据才予以排除，如果证据材料是真实的，即便非法也不予排除，这种观点指导着司法实践，并得到司法实务部门的认同。譬如，我国在制定《非法证据排除的规定》过程中，诸如云南的杜培武案件、河北的李明久案件、湖北的佘祥林案件、河南的赵作海案件等不断披露的严重刑事错判案件是该规定制定的促进剂与催化剂。② 将“求真”视为我国确立非法证据排除规则的价值取向，主要在于我国刑事诉讼法并未对证据资格与证明力作严格区分，在判断证据能否作为定案依据时往往将证据资格与证明力同时考量，当法官对某些证据取得方式的适当性产生疑问时，就有了一种查明调查取证方式适当性的需要，并就该取证方式适当与否对证据证明力的影响予以判断，从而决定这一证据能否用来认定案件事实及证明价值的大小。因此，从这一角度来看，瑕疵证据制度实质上是作为事实裁判者的法官对侦查机关证据收集方式适当性的一种审查，是基于法官衡量证据证明力的需要。这就产生了对证据资格的审查难以摆脱对“真相”的依附，在有效证明与维护程序正当性方面常常会产生矛盾。

基于对国家司法权威的高度信任与不容置疑以及打击犯罪的迫切需要，以实用性代替程序正当性成为司法实践与立法的一种取舍。然而，这种实用性选择会陷入一种误区，即认为只要是真实的证据就可以采纳或应区别对待，以“求真”为其价值取向，不但不能成为确立该规则的价值基础，反而将成为反对确立非法证据排

---

① 参见宋世杰、陈果:《论非法证据排除规则》，载《证据学论坛》(第二卷)，中国检察出版社 2001 年版，第 264 页。

② 参见张军等:《刑事证据规则理解与适用》，法律出版社 2011 年版，第 4 页。

除规则的一个重要理由。[①] 也基于此，学界的共识是确立非法证据排除规则是贯彻程序法定、规范司法行为、促进人权保障的基本要求，对于严重危害公民权利的取证行为获取的证据应当一律排除。但鉴于我国法律传统与文化对“求真”的追求，那些尽管形式违法，却不严重危及公民基本权利保障的，并具真实性的证据被纳入瑕疵证据范畴，与非法证据进行区分。因此，我国“两个证据规定”首次在立法中规定瑕疵证据制度，将具有不合法“外衣”但又有真实性“内里”的证据从排除规则中的非法证据范畴中剔除出去，若能通过一系列转化规则弥补合法性不足的影响，便可将其作为定案的证据使用。所以，证据的非法与瑕疵之间存在一个价值取向的问题，非法证据排除规则构建在规范国家权力、保障公民权利的基础上，而瑕疵证据补救规则则建立在不合法性是否会影响到证据真实性的求真的价值取向上。但需要注意的是，应防止瑕疵范围的泛化，避免将非法证据与瑕疵证据混淆，将应当排除的非法证据“洗白”。

（二）违法程度是区分瑕疵证据与非法证据的判断标准

既然瑕疵证据是基于“求真”价值追求而在我国确立非法证据排除规则中产生的一种制度，就需要厘清中国语境下的非法证据与瑕疵证据的判断标准。

关于非法证据的含义，有学者从字面解释入手，提出“非法证据是相对合法证据而言的”，[②] 即将非法证据与证据的合法性联系起来。我国诉讼法学界通说认为证据具有客观性、关联性和合法性三种属性，而证据的合法性包括证据形式合法、收集主体合法、内容合法以及收集程序合法。或许基于此，有学者更进一步将非法

---

① 李明：《对非法证据排除规则的认识误区》，载《贵州民族学院学报（哲社版）》2006 年第 2 期。

② 汪海燕、胡常龙：《刑事证据基本问题研究》，法律出版社 2002 年版，第 253 页。

证据分为广义与狭义，广义是指获取证据主体不合法、证据形式不合法和取证的程序或手段不合法三种情况，狭义的非法证据仅指取证程序或手段的不合法。还有学者提出判断非法证据的三元化标准，即取证主体的公权性、取证行为的违法性以及取证后果的侵权性。[①] 其中取证主体的公权性是非法证据的主体要件，取证行为的违法性[②]是非法证据的基础要件，取证后果的侵权性是非法证据的后果要件。基于此，该学者将排除规则中的非法证据定义为“行使侦查权的人员和受其委托的人员在收集证据的过程中，违反法律的禁止性规定或者违反法定程序、采用非法方法，侵犯被取证人基本权利和重大诉讼权利所获得的证据”。[③]

其实，用判断非法证据的这三项标准来界定瑕疵证据也一样成立，取证主体的公权性、取证行为的违法性以及取证后果的侵权性，只是两者在行为违法的内涵与后果侵权的程度上不同。有学者根据《死刑案件证据规定》的相关规定提出，瑕疵证据大都是侦查人员制作相关证据笔录时存在技术缺陷的证据，如笔录记录有错误、笔录遗漏了重要的内容、笔录缺乏相关人员的签名等。当然，对于那些在收集证据过程中存在程序步骤、方式、时间、地点等方面违规的情况，《死刑案件证据规定》也将其列入程序瑕疵之列。[④] 基于上述分析，“瑕疵证据”大都属于侦查人员通过轻微违法的方式所获得的证据，在收集证据过程中，侦查人员要么存在笔录记载上的失误，要么在收集证据的时间、地点、步骤、方式上存在技术

① 参见韩旭：《排除规则中的非法证据——一个亟待重塑的概念》，载《贵州民族学院学报》2008 年第 4 期。

② 该文提出判断违法性的依据有三：一是违反刑诉法的相关取证程序规定，二是违反宪法关于公民基本权利的规定，三是违反我国已经加入的国际公约，诸如禁止酷刑公约。

③ 参见宋世杰、陈果：《论非法证据排除规则》，载《证据学论坛》（第二卷），中国检察出版社 2001 年版，第 264 页。

④ 陈瑞华：《论瑕疵证据补正规则》，载《法学家》2012 年第 2 期。

性违规。[①] 判定何为轻微的程序违法可以从两个方面入手：一是取证手段是否违反了实质性程序规范[②]，倘若侦查人员的取证违背了实质性程序就属于非法证据，若仅违反了技术性程序或形式上手续，所获证据就具有瑕疵证据的性质；二是取证手段是否侵犯了重大权益。由于非法证据违反的是实质性程序规范，所以侦查人员的取证手段往往严重侵犯被告人合法权益，而瑕疵证据则属于技术性违规或形式上的程序违法，一般不会出现严重的侵权后果。这个严重性的判断可以从公民受宪法和法律所保护的基本权利是否受到侵害作为判断依据。

（三）转化或排除是区分瑕疵证据与非法证据的适用后果

我国确立瑕疵证据制度是对刑事司法领域各种冲突的价值与关系，诸如打击犯罪与保护人权、实体公正与程序公正的平衡与协调。对瑕疵证据与非法证据进行区分，其根本目的在于区分二者的适用后果，建立不同的证据适用规则。正如上述分析，非法证据因违反了实质性程序规则，严重侵害了公民受宪法与法律所保护的基本权利，所以，对于非法证据适用排除规则。非法证据排除规则一般有两种形式，一是强制性的排除，或者称为法定排除，另一种是

---

① 陈瑞华：《论瑕疵证据补正规则》，载《法学家》2012 年第 2 期。

② 参见陈瑞华：《论瑕疵证据补正规则》，载《法学家》2012 年第 2 期。根据作者观点，通常可将较为重要的法律程序称为“实质性程序”，而将不重要的法律程序视为“技术性程序或形式上的手续”。所谓“实质性程序”有三方面特征：一是体现了重要的司法制度、诉讼理念和程序原则；二是保护特定当事人的人身权利和诉讼权利；三是以禁止性规范或者义务性规范的形式，对侦查人员提出了明确的程序要求，并设立了专门的程序性法律后果。日本学者将法律规范分为两类：强行规定（效力规定）和训示规定（注意规定）。这两类法律规范的作用和意义有所差别，刑事诉讼行为违反强行规定，有可能无效；如果仅仅违反训示规定，则诉讼行为不适法但有效（参见［日］高田卓尔：《刑事诉讼法》（改订版），青林书院新社株式会社 1978 年版，第 119~120 页）。

自由裁量的排除。《刑事诉讼法》第54条第1款规定："采用刑讯逼供等非法方法收集的犯罪嫌疑人、被告人供述和采用暴力、威胁等非法方法收集的证人证言、被害人陈述……"属于非法言词证据。最高法《解释》第95条第1款规定："使用肉刑或者变相肉刑，或者采取其他使被告人在肉体或者精神上遭受剧烈疼痛或者痛苦的方法，迫使被告人违背意愿供述的，应当认定为刑事诉讼法第五十四条规定的'刑讯逼供等非法方法'"。对于这些非法证据适用强制性排除。所以，从遏制刑讯逼供的角度出发，建立言词证据的非法证据排除规则成为立法的首选，司法解释规定了非法取得言词证据的手段以及排除的后果。而对于搜查、扣押等一系列取得实物证据的手段，刑事诉讼法规定得比较简单。取证技术相对落后，导致司法实践中对物证、书证等实物证据的重视度不够，实践中实物证据不足或缺乏，有言词证据也一样可以定案。① 所以非法获取实物证据的危害性，立法与实务的重视程度都不够，在非法证据排除规则中对实物证据的排除问题没有成为我国立法中的一个重要方面，相应的司法解释也将实物证据是否排除作为法官的自由裁量范畴。

瑕疵证据鉴于属技术性程序违法或形式上程序违法，侵权后果比较轻微，只要能够通过补正或者合理解释，证明证据的瑕疵就不会对证据的真实性与程序的正当性产生严重影响，该证据就可以作为定案依据。如若无法作出补正或合理解释，无法消除瑕疵对证据真实性与程序正当性的严重影响，该瑕疵证据就无法转化，不能作为定案依据。多数观点认为这是一种可补正的排除规则，但我们认为，瑕疵证据的补救规定反映出其适用规则并非落在排除上，而是转化上。通过转化，消除人们对瑕疵证据真实性的怀疑，也符合诉讼经济的理念，更是司法运作实际需求的体现。事实上，检察机

---

① 譬如浙江张高平叔侄的强奸杀人案，在没有任何实物证据的支撑下，仅仅依照叔侄被屈打成招的口供，和看守所中所谓的"知情人"的证言就定了案。

关、法院在对证据进行审查中，并不重视瑕疵证据，而是持较为宽容的态度。根据“两个证据规定”，瑕疵证据应当由检察机关或者法院要求侦查机关补正或做出解释，视情况采纳适用。而我们对我国东部、中部、西部的“三区法院”2010年7月至2012年7月审结的720份案卷进行抽样分析后得出结论：在审查起诉阶段，检察机关要求侦查机关补救证据案件的不足50件，占瑕疵案件数的比率不足7%；在法庭审理阶段，法院要求控方补救瑕疵证据的比率也很低，三区法院平均下来，仅占瑕疵案件总数的7.5%，经过补救的证据93.2%都采纳作为定案的依据，补正后排除适用的瑕疵证据少之又少。这一数据也印证了瑕疵证据适用重在转化，而非排除。应当规范瑕疵证据的补救，因为一旦瑕疵证据未经过合理解释或补正就成为定案依据，或者补救后全部都予以采纳，瑕疵证据规则形同虚设。尽管一两个瑕疵证据不会影响案件质量，但诸如河北王朝案件中多达36处证据瑕疵的情况，就会严重冲击到案件质量，让人们怀疑审判的公正性，严重影响司法公信力。

三、我国瑕疵证据制度产生的原因分析

《死刑案件证据规定》首次规定了瑕疵证据，将其纳入法律制度之中，将瑕疵证据制度加以规范化，主要原因有四：

首先，它是我国实体真实价值观主导下犯罪控制与正当程序博弈的结果。价值观本质上是一种利益观，是主体对各种社会利益的判断与取舍。刑事诉讼程序与制度的设置体现了立法者不同的价值判断与取向。在刑事司法中，一种价值取向是将犯罪控制、维护社会秩序与安全作为根本，追求实体真实；而另一种价值取向是重视程序的正当性和对无辜者的保护，追求程序正义。这两种价值取向有时表现出明显的对立，立法者必须根据利益权衡原则进行极为慎重的政策选择，由于立法者价值取向不同，选择的侧重点也有所不同。美国著名刑法学家赫伯特·帕卡于20世纪60年代中期曾提出“正当程序论”和“抑制犯罪论”。前者认为尊重个人自由和保障

个人人权是刑事诉讼的首要目标，在惩罚犯罪与保护人权的关系上，保障人权处于优越地位。后者认为，惩罚犯罪是刑事诉讼最主要的目的，刑事程序运作的方式和取向，应当遵循惩罚犯罪的目标进行。在这两类利益及价值取向之间，世界各国基于其国情和法律惯性，必然会自觉或不自觉地做出价值选择，并确立“价值优位”。司法价值观中“价值优位”的差异，决定了各个国家的刑事诉讼立法对实体真实与正当法律程序的不同追求。① 然而从实证主义的角度考察，现代社会没有哪个国家在刑事诉讼价值取向上采取极端的态度，相反，各国大体上都采取一种“折中”的立场，即在充分肯定和锐意追求一种价值的同时，对另一价值给予不同程度的关注。例如，美国作为追求正当程序的国家，也无法做到对所有的非法证据完全排除，而是采取了“排除加例外”和“毒树之果例外”的规则以维护实体正义。

我国对于瑕疵证据是否补证的问题，体现了惩罚犯罪和保障诉讼权利价值之间的平衡。在司法实践中，这种价值权衡也表现得极为明显。据某地区两级法院统计，每年因案件证据瑕疵、遗漏案件事实和情节，需要补充侦查、提供或者调查核实的案件约30%。对此，他们的处理办法是，对一般性的瑕疵事实和证据要求控辩双方说明或补正；对有重要疑问的事实和证据，要求控辩各方补强；对明显缺失或遗漏的事实和证据，列出清单，建议公诉机关补充；对庭审中证据存有疑问的，合议庭休庭后主动进行调查核实。② 我国刑事司法注重对社会利益的保护，控制与打击犯罪是刑事诉讼的利益重心，追求实体真实视为最高价值目标。由于侦查人员的疏忽、遗漏等过失导致了证据存在瑕疵，使得客观事实向法律事实转

① 参见杜宝庆：《刑事司法价值观透视——实体真实与正当法律程序的法律分析》，载《学术交流》2008年第3期。

② 朱玉光：《刑事审判向侦诉工作延伸的几点思考——以贯彻执行“两个证据规定”为切入点》，载《山东审判》2011年第2期。

变不那么合乎逻辑，若瑕疵致使该证据无法使用就不符合我国打击犯罪、维护社会利益的需要，但若对有瑕疵的证据予以采纳又不符合正当程序的理念，于是在协调两种价值过程中产生了瑕疵证据制度。明确瑕疵证据可以通过合理解释或补正后作为定案依据，体现了在实体真实“优位”前提下，兼顾正当程序的价值选择。

其次，它契合了我国“报应主义”刑罚观念和“求真”法律文化传统。我国自古崇尚善恶报应观念，统治阶级崇尚刑法，重视刑罚。在重刑主义文化的影响下，复仇意识、复仇观念根植在我国司法机关工作人员、社会公众心中，导致社会公众对犯罪人的痛恨，希望对其严惩不贷。如果对瑕疵证据一概或者绝大部分不予采信，必然会使司法部门在取证方面受到过分的限制，造成因许多证明力很强的瑕疵证据未被采信。如果仅仅因为证据存在瑕疵导致不能定案，让罪犯逍遥法外是难以被司法机关和社会公众接受的。“事实真相和正义紧密地交织在一起。一个法律制度不能一方面声称实现正义，而与此同时却抛弃对事实真相的追求。”① 通过合理解释或补正等方式对于证据中的瑕疵予以补救，使其能被采纳，作为定案依据，契合了我国重“报应”的法律文化观念，为社会公众所接受。

再次，它的产生与我国审判中笔录类证据的大量使用密切相关。我国庭审并没有贯彻直接言词原则，尽管刑诉法规定证人必须出庭作证，但又不排斥公诉人以当庭宣读询问笔录的方式进行质证，而询问、讯问笔录的稳定性与使用的便利性，使得我国司法实践中大量使用询问、讯问笔录代替人的陈述。于书生在对其所在法院的笔录证据适用情况进行了实证研究，他抽样了 92 起案件的裁判文书，共涉及 1468 份证据材料，其中笔录证据共计 946 份，占

---

① ［德］托马斯·魏根特：《刑事诉讼致力于真相么?》，吴宏耀译，载何家弘主编：《证据学论坛》（第十卷），中国检察出版社 2005 年版，第 522 页。

到64.4%；被告人认罪或部分认罪供述有210份，其中，有147份被告人审判前供述笔录被作为定案依据，在9起案件中，被告人在庭审过程中推翻了其在侦查阶段的供述，但均未被法院认可；92起案件均无证人出庭作证，以询问笔录形式体现的证人证言数量达到644份；涉及被害人陈述有48份，尽管被害人会亲自到庭，但相关裁判文书亦援引被害人陈述笔录作为定案依据，且不反映被害人是否当庭陈述及其陈述的内容；勘验、检查笔录达到98份。[①]笔录类证据在庭审中过量适用，造就了我国以“笔录为中心”的庭审模式。而侦查人员取证不规范的现象普遍存在，导致大量的不规范甚至违法的询问与讯问笔录出现，但在三机关互相制约、互相配合的权力格局下，在依侦查职权取得证据不容置疑的司法传统影响下，审判人员很难有效审查这类笔录的合法性与真实性。2010年的《死刑案件证据规定》对侦查人员的不规范取证方式与常见问题进行了归纳，确立了瑕疵证据制度。[②]通过对《死刑案件证据规定》中关于瑕疵证据的条文分析发现，绝大多数瑕疵证据都反映在一系列的笔录之中，诸如询问笔录中的瑕疵、讯问笔录中的瑕疵、辨认笔录中的瑕疵、勘验检查笔录中的瑕疵、提取笔录与扣押清单中的瑕疵、书证与物证收集中的瑕疵。

最后，它是对侦查取证不规范的一种实用主义选择。审前程序塑造庭审程序，在我国，侦查人员证据意识、取证能力和证据管理水平已被提上了重要的议程，而这些并不是短时间内能够完全改变的。一方面，从当下的司法实践来看，瑕疵证据是在我国没能建立起权利保障意义上的非法证据排除规则，刑事诉讼中基本权利尚未宪法化的背景下的一种实用主义的体现。因为法院在目前的体制下

---

① 于书生：《笔录证据运用的过量与适量》，载《法治论丛》2011年第2期。

② 邓陕峡：《我国刑事笔录类证据制度探析》，载《证据科学》2013年第1期。

难以成为法律的守门人，难以实现通过法院对证据的审查遏制警察违法取证行为。所以，瑕疵证据制度就是当警察的违法取证行为在可容忍的范围内，通过明确法院对瑕疵证据的审查权在一定程度上逐渐影响侦查行为，即通过法院的证据审查，从理念上引导侦诉弥补或纠正案件存在的瑕疵，对审判环节提出的问题要认真对待，及时补充或补正，促其规范化、合法化；另一方面，从长远发展来看，随着对瑕疵证据审查制度的发展，一系列规则、制度将逐渐建构与完善，同时随着侦查人员证据意识与取证能力的改善，瑕疵证据将会逐渐减少，甚至退出刑事诉讼的历史舞台。

四、刑事瑕疵证据适用的风险分析

（一）瑕疵标准界定不清可能导致适用中瑕疵泛化

瑕疵证据强调瑕疵的技术性与轻微性违法，但《死刑案件证据规定》和最高法《解释》划分瑕疵证据的标准却不统一，有的属于取证程序中的技术性、轻微的违法；有的是由侦查人员过失违法；有的瑕疵超出了侦查人员一般过失，甚至是对刑事诉讼法的突破和严重背离。

在言词证据收集过程中，瑕疵主要体现在侦查人员制作的询问笔录、辨认笔录和讯问笔录中。具体情形包括：相关人员的姓名遗漏或有误；辨认笔录记载事项的不完整、不规范、不具体；[①] 询问证人或讯问犯罪嫌疑人的时间、地点记载缺失，[②] 或不符合规定、

① 具体内容参见《死刑案件证据规定》第30条第2款规定。

② 缺失有可能是疏忽导致的遗漏，但也不能排除侦查人员超过了法律规定的时间非法取证。

或存在矛盾[1]或者不合理[2]的情况。笔录类证据是对言词证据取证过程的固定与证明，一份完善的笔录能够全面客观地反映当时询（讯）问或辨认过程。实物证据收集程序中的瑕疵主要是违反物证、书证收集程序规范，导致瑕疵笔录、瑕疵扣押清单、瑕疵书证副本或复印件的出现。例如，遗漏了相关人员的签名，或对相关事

---

① 矛盾表现为：询问笔录反映出在同一时间段内，同一询问人员询问不同证人的问题；或者对同一被告人，在相互交叉的时段有两份或者两份以上的讯问笔录；在共同犯罪案件中，同一讯问人在同一时间段内讯问不同的被告等（参见杨迎泽、张红梅：《刑事证据适用指南》，中国检察出版社 2010 年版）。这样的矛盾在王朝案件中也出现过。诸如：询问证人底薛峰的两次询问笔录时间重叠，第一份询问笔录的询问时间为 2006 年 11 月 2 日 8 时 30 分至 9 时 30 分，地点在石家庄市招待所，询问人是杨杰、李建成；第二份询问笔录询问时间为 2006 年 11 月 2 日 9 时至 11 时，地点是保定市北市区刑警队，询问人依然是李建成、杨杰。询问人员相同，时间重合，但两个询问地点却相距 200 多公里。对于上述矛盾，我们应该认识到，询问笔录反映出在同一时间段内，同一询问人员询问不同证人或在不同地点询问同一证人，在客观上显然是不可能的。若发生这种状况有可能是多种原因：有可能是笔误；有可能是询问人员根本没有参与询问被他人代为签名；也有可能是由于人手不够，其中一个询问人员照顾两个询问场子；还可能是询问笔录是事后补的，伪造的。这反映出我国证人取证极为不规范，将此种情形作为瑕疵予以规定，无论从经验还是从逻辑上讲，都存在极大的危害。尤其是对于代他人签名，没有资格的人询问，伪造的询问笔录这些情况要予以严格控制。

② 例如，王朝案件中一个关键证人邢世平在原一审中分别向侦查人员与辩护人作出两份相互矛盾的证言。邢世平向警方提供的证言证明被告人有作案时间；而向律师提供的证言证明被告人没有作案时间。警方询问笔录记载的时间为 2007 年 9 月 3 日 2 时到 2007 年 9 月 3 日 3 时，即凌晨 2 点到凌晨 3 点。对此矛盾证人邢世平给被告人母亲这样解释道："侦查人员来采集证据，讯问了 3 个人，这 3 个人的说法必须是一致的才可以，否则你能走么？你敢走么？你不敢走的，你跟你的领导交代不了。"邢世平表示，他对这两份口供"认账，哪怕它有出入，前后有矛盾，这没办法，这已经是事实了"。录音见 2011 年 5 月 9 日的《今日说法》。

项或取证程序的记载不明确、不规范、不具体。作为实物证据，物证、书证的证明力比起言词证据更具稳定性，但收集程序、方式对其证明力影响极大。笔录类证据材料是侦查人员对其收集、提取物证、书证的过程所做的书面记录，用于验证物证、书证的来源、收集提取经过以及其他保管链条的完整性。当取证过程由于不遵守程序规定，导致该证据在形式上有欠缺时，不仅要考察该瑕疵有无严重侵犯被告人的基本权利，还要考量该瑕疵对证据可采性的冲击程度以及是否具有可补救性作出不同的处理。否则，可能导致对瑕疵的泛化解释。例如，《死刑案件证据规定》第 9 条在具体列举瑕疵情形的同时还作出兜底规定，[①] 但何为其他瑕疵，标准应当由谁把握？这一规定无形中可能造成实践中对瑕疵物证、书证的扩大解释，不利于规范侦查人员的物证、书证提取与固定、管理，不利于提高侦查人员的技术侦查取证能力。又如《死刑案件证据规定》第 26 条规定：勘验、检查笔录存在明显不符合法律及有关规定的情形，并且不能作出合理解释或者说明的，不能作为证据使用。但是，明显不合法是否等同于技术违法或轻微违法？“明显”，是指能够很容易被觉察到的意思。很容易被觉察到有可能是因为取证行为违反了常识性规定而易见，也可能是因为违法取证比较严重而一眼就能看出。若是违反常识性规定造成的瑕疵即意味着侦查人员合理谨慎就能够避免，将其作为瑕疵是否过于宽宥，纵容侦查人员的懈怠和渎职？如果是违法取证严重，是否还属于瑕疵的范畴？所以，“明显不合法”这一规定过于宽泛，缺乏相应的限制，如此规定可能导致违反有关勘验、检查程序规范收集的证据都通过解释与说明加以补救，架空刑事诉讼法关于勘验、检查的相关法律规制。

（二）三机关互相配合格局下瑕疵证据的适用不利于司法纠错

分工负责、互相配合、互相制约是调整我国刑事诉讼中公、

① 《死刑案件证据规定》第 9 条第 2 款第（四）项规定：“物证、书证的收集程序、方式存在其他瑕疵的。”这一兜底条款。

检、法三机关关系的一项基本原则。在司法实践中，往往强调三机关的配合，制约乏力。这也是冤案、错案频频出现的主要原因之一。2010 年 5 月 17 日上午，商丘市公安局局长许大刚就河南赵作海案件接受新华社采访时讲道："根据我到现场实地察看的情况，压在无名尸体上的 3 个石磙，是从不同方向推进井里的，最大的有 500 斤重，一个人根本推不动。所以，赵作海一个人是做不了案的"，同时还感叹，公安、检察、审判"任何一个环节的办案人员如果到现场实地看一下，稍微细心一点，这个案子就不会办成这个样子"。①

在如此权力配置格局下，瑕疵证据的适用将不利于司法纠错。如同王朝案件，连公诉机关都承认原审中存在的证据瑕疵达到 36 处之多，而这样千疮百孔的案件，历经五次审理，在二次一审中，瑕疵证据经过补正或合理解释，竟然又作出了和原一审相同的判决。在第二次一审中，辩护人做无罪辩护，并向法院就证据和程序问题提出 14 点辩护意见，而法官完全采纳补救后的所有控方证据，对辩方提出的证据合法性质疑全部不予支持。例如，辩方提出，现场勘验笔录没有侦查人员及见证人的亲笔签名，不能证明霍某是见证人，且无法提供现场勘验笔录的原始手写记录，侦查人员石某出庭只能说明勘查过程，不能替代证据本身，现场勘查笔录不客观不真实，不能作为定案根据。合议庭认为：侦查人员石某、邢某当庭证实二人共同对现场进行了勘验，石某同时证实，制作正式的现场勘查笔录后打印了勘查人员及见证人的姓名。霍某证言证实见证了整个现场勘查的过程，被害人陈某也证实了现场勘查的情况。现场勘验笔录虽然没有相关人员的亲笔签名，存在瑕疵，但已得到合理解释，根据《死刑案件证据规定》第 9 条之规定，该证据可采。

---

① 李丽静：《"赵作海的悲剧，再也不能发生"——对话河南省商丘市公安局局长许大刚》，载新华网山西频道，http://www.sx.xinhuanet.com/news-center/2010-05/13/content_19779677.htm。

可见，案件侦破过程由于侦查工作不细致，取证瑕疵将会被带入审判程序中，甚至会一直延续到案件的重审阶段。王朝案件原审中的36处瑕疵经公诉机关审查起诉，法院的一审、二审，乃至重审阶段依然没有解决。王朝案不是一个特例，而只是一个缩影，反映出侦查取证的不规范将会严重影响审判质量。这些有问题的证据瑕疵即便在重审阶段，也仍然是案件的固有问题，无法得到解决。因时间过长，一些瑕疵无法进一步核实，为此侦查机关通常只能出具说明。但这种说明大多是对重新调查工作的过程描述，对瑕疵问题所要澄清的案情事实毫无价值。值得注意的是，司法实践中这类案件只有极少的是通过公诉机关撤诉处理，多数案件并没有因证据中的瑕疵未得到查实而作出无罪判决。有些案件由于证据瑕疵难以补救，在打击犯罪与人权保障的价值权衡中，被反反复复地发回重审，司法纠错的功能难以实现。

（三）合理解释与补正缺乏限制不利于规范侦查取证行为

瑕疵证据的产生与我国刑事司法中侦查人员的侦查取证、证据固定与管理有诸多不规范、失误行为密切相关。一方面，实践中侦查工作的重心是“破案”，而侦查机关往往将精力更多地放在破获案件与抓获犯罪嫌疑人上，缺乏证据裁判的观念和意识。“对侦查终结的证据规格还停留在‘只有破案证据，而无诉讼证据’上。从而使本来很有证明价值的证据失去了证明力或者减弱了证明力，原本存在相当数量质量证据的‘明朗化’案件，最终做成了‘夹生饭’，成了疑难案件，导致不能正常移送起诉和惩治罪犯。”[①] 有罪推定的固有执法观念导致侦查人员在取证中往往忽视和舍弃无罪、罪轻的证据。从案件的审理情况看，不少案件在犯罪嫌疑人交代犯罪事实后，侦查人员便认为案件已经突破，大功告成，而忽略对其他证据的获取，未形成证据链条，导致案件的事实无法查清。

① 参见朱蓓莉：《侦查取证的缺陷及其矫正》，载《上海公安高等专科学校学报》2007年第2期。

在实践中，问题集中体现在“来源”、“过程”、“去向”几个方面证据不足上。① 另一方面，缺乏对程序规则的足够重视，侦查取证不规范，不重视对侦查取证程序的严格遵守，取证随意甚至对突破程序规则，缺乏高质量的证据管理流程。例如，询问、讯问等侦查活动中违反人数要求的办案制度。不少侦查员为图快捷，往往一人取证，随后再签上其他侦查员的名字，结果在卷宗材料中出现一名侦查员在相同时段同时出现在两份甚至三份笔录上的情况。又如，询问、讯问等笔录的核对、纠错、捺指印、签字等没有完全按照规范的要求去做；搜查、调取、扣押、辨认和现场勘查等活动规范性欠缺；需要见证的侦查行为缺少见证人或操作不规范。司法实践中，证据的固定和管理没有引起足够重视，侦查取证活动粗线条，关键证据的细节化固定欠缺。常见的问题比如，现场勘查和调查访问工作粗糙，应该发现提取的痕迹物证和其他证据未能发现和收集，或把查找破案线索与取证工作对立，破案后的取证再走“回头路”，结果丧失寻找物证或人证的最佳时机。再如，笔录制作粗疏，对定案的重要事实情节不作细节化、具体化的固定，满足于获取犯罪嫌疑人供述，而忽视收集其他证据对口供的审查和印证，一旦犯罪嫌疑人翻供，证据体系即分崩离析。在收集和保管赃证物品过程中不按要求进行，甚至出现使用、调换、损毁或自行处理扣押赃证物品等情况。由于证据收集固定违法、保全处置失当，最终造成证据失效、毁损或流失等后果。再者，违反法定程序收集证据的违法行为较少引起相应的法律后果和责任，不规范取证行为缺乏相应的程序制裁与责任追究。在公安机关的业绩考核中，案件侦破常与办案人员奖惩直接挂钩，而与最终能否追究案犯刑事责任的联系并不大，加之侦查人员不出庭作证，不用接受当庭的质证，导致缺乏改善的原动力。

---

① 沈国斐：《刑事个案证据问题及司法应对研究》，载中国法院网，http://www.chinacourt.org/public/detail.php? id=191174。

瑕疵证据制度体现了我国当下规范侦查机关取证行为的需要与容忍侦查机关的不规范取证现实间的矛盾与协调。瑕疵证据制度直面侦查取证、证据固定与管理中的不规范现象，通过对侦查人员在证据调查收集中出现的常见问题予以归纳，将其明确化，要求侦查人员补正或作合理解释，最终通过法官审查决定是否作为定案依据。瑕疵证据制度尽管暗含了规范侦查取证行为的需要，但在该制度适用初期，更多体现了对侦查人员不规范取证的一种妥协。由于瑕疵判断标准的含糊，补正范围与补正方法缺乏适当的限制，极易给侦查人员传递这样的信息——证据有瑕疵没关系，补补就合法，照样能作定案的依据。其后果是为规范侦查取证行为所设立的程序规范会被束之高阁，硬性规定也会被突破，侦查人员会丧失在遵守取证程序方面应有的敬畏和谨慎，造成不规范取证的反弹。当证据瑕疵达到一定数量时，必定会对案件质量形成冲击，所以不可小觑瑕疵证据给庭审事实认定带来的难度。

（四）程序规则不足不利于对瑕疵证据展开有效审查

我国刑事诉讼中，侦查机关取证过程与行为通过记录形成书面卷宗呈现在法官面前，这些记录成为最重要的证据信息来源。这些证据信息来源的准确性取决于侦查机关的取证方式及行为的规范性与适当性，因此，作为事实裁判者的法官需要对书面卷宗进行重点审查。瑕疵证据制度作为事实裁判者的法官对侦查证据调查方式适当性的审查，涉及程序控制问题。《死刑案件证据规定》仅仅明确了审判阶段瑕疵证据审查的主体是法官，瑕疵证据的范围有五种，补救方式为补正与合理解释或说明。即只是将瑕疵证据纳入法官的自由裁量范畴，对如何审查却无具体的程序性规则。例如，瑕疵证据审查中控方的补救责任与补救方式、期限、次数，辩方的权利保障，瑕疵补救的证明标准，法院的审查方式与认证，以及补救中的侦查人员的诚信保障等，这些对于保障瑕疵证据有效审查、恰当适用至关重要。

通过上述分析可知，虽然瑕疵证据不如非法证据引发的争议强烈，关注的程度高，但当证据的瑕疵达到一定数量时，会给庭审中的案件事实认定带来一定的困难。《死刑案件证据规定》对瑕疵证据的规定，不仅仅是对司法实践的妥协、平衡，还向侦查机关起到一定的方向引领作用，即关注侦查取证、证据固定与管理中的不规范问题。瑕疵证据制度表达出对取证瑕疵的规范化需求及减少瑕疵的路径探索。

第五章　刑事瑕疵证据补救的理论基础

一、域外裁量排除规则的理论与实践

无论是英美传统证据理论还是大陆法系主流证据理论都找不到与“瑕疵证据”等同的对应概念，但也不能断言，瑕疵证据是我国证据学理论上的独创。实际上，瑕疵证据制度与国外非法证据排除中的裁量排除制度有相似之处。

（一）非法证据裁量排除的理论基础——法益衡量

非法证据排除制度设计的目的，主要为了解决刑讯逼供等问题，对于那些严重剥夺陈述自愿性、容易带来虚假陈述的非法言词证据，法院予以绝对排除。由于实物证据的客观性较强，违法取证手段对证据证明力影响较小，是否排除非法实物证据一直是各国争论的问题。如果肯定这种证据的证据能力，将容忍侦查机关的违法行为，有危害被违法收集证据者人权的危险；反之，如果否定其证据能力，就会放弃某些证明力强的证据，导致牺牲案件的实体真实。经过多年的理论研究与实务探索，各国基于证据资源有限的原理，考虑到违法手段收集的实物证据的证明价值可能高于其损害价值，允许法官综合权衡诸多价值因素以裁量是否适用。因此，非法实物证据排除最重要的理论依据是“法益衡量”。德国学者拉伦茨认为，“权利也好，原则也罢，即使其界限不能一次确定，而毋宁多少是‘开放的’具‘流动性的’，其彼此就特别容易发生冲突，因其效力范围无法自始确定。一旦冲突发生，为重建法律和平状态，或者一种权利必须向另一种权利（或有关利益）让步。于此，司法裁判根据它的具体情况赋予各该法益的‘重要性’，来从事权利或法益的‘衡量’”。[①] 非法证据裁量排除领域集中地体现着各种法益的竞合与取舍，这一取舍体现在许多国家的理论与实践中。我们以英美法系的典型美国和英国以及大陆法系的典型德国为例加以说明。

美国非法证据排除[②]的案例，最早可追溯到1914年的威克斯案（Weeks v. United States）。在该案中，最高法院首次在联邦系统确立了排除规则。最高法院这样推理说：“如果信件和个人文件可以这样被以不适当的方式加以扣押、占有并作为证据使用而对被控犯罪的公民不利的话，那么宣告他拥有不受这种搜查和扣押权利的第四修正案的保护就没有任何价值，那么还不如索性将之从宪法中剔除出去。”[③] 排除规则是作为宪法第四修正案的主要救济手段而采纳的，即在刑事审判中，以违反第四修正案方式获得的证据不可采。如果没有排除规则，第四修正案将会沦为一纸空文。1961年联邦最高法院通过马普案（Mapp v. Ohio）成功地将排除规则适用于各州的刑事审判活动。但是，针对排除规则的争论一直存在。早在20世纪初，美国Cardozo法官提出，“证据不得任意排除，否则岂不是因警察的一时疏忽，而让罪犯逍遥法外”。[④] 美国学者Craig M. Bradley认为，“因警察的轻微违法，证据即需排除致令犯重罪者逍遥法外，可能造成民众对司法制度的反感与不解”。创设非法证据排除规则的初衷，主要是为了抑制警察以侵犯公民宪法性基本权利的严重违法取证行为，而不是针对一般的程序性违法取证

---

① ［德］卡尔·拉伦茨：《法学方法论》，陈爱娥译，商务印书馆2003年版，第279页。

② 美国排除规则针对的非法实物证据的排除适用，非法言词证据排除适用的规则是自白规则。

③ ［美］约翰·W. 斯特龙主编：《麦考密克论证据》（第五版），汤维建等译，中国政法大学出版社2004年版，第320页。

④ People v. Defore, 160N.E .(1926) p.578.

行为。如果警察取证过程虽然违法，但并未侵犯公民的宪法性基本权利，而仅仅属于违反警察机关的内部规则或一般性的操作程序（技术违法、轻微违法），便未必需要排除该证据。[①] 联邦最高法院也指出，就像其他任何救济手段一样，排除规则的适用应当严格局限于可以最有效实现其救济目的的那些情形。1984 年，联邦最高法院通过利昂案（United States v. Leon）确立了排除规则的例外，即“善意的例外”。该规则适用于以下情形：执行官员获得搜查令状并依照令状的要求实施搜查后，该搜查令状本身被宣布存在某些瑕疵。但依此令状获取的证据在针对被告人的审判中依然可以作为证据使用。[②] 取证程序是否合法并不是是否采用证据的唯一判断标准，即使该证据存在瑕疵依然可以采用。

一般来说，美国非法证据排除规则不仅适用于政府非法行为的直接所得，而且适用于由此派生的证据，即“毒树之果”。通常情形下，作为毒树之果的证据也不可采。但是，毒树之果原则存在三个例外：一是独立来源原则。毒树之果原理主要适用于政府的违法行为，如果受到质疑的证据不是政府违法行为的产物，与政府违法行为无因果关系，根据独立来源原则，该证据可以采纳。二是最终必然发现原则。如果检察官能够以优势证据证明，受到质疑的证据通过合法的手段最终或必然也能够被发现，那么，在刑事审判中，警察违法行为的派生证据依然具有可采性。三是稀释原则。如果警察的违法行为与受到质疑的证据之间的关联性已经变得如此微弱，以至于足以净化受到的污染，那么，通过警察违法行为所获取的证

---

① 黄朝义：《论证据排除法则》，载朱朝亮等主编：《刑事诉讼之运作》，台湾五南图书出版公司 1997 年版，第 129 页。

② 参见［美］约书亚·德雷斯勒等：《美国刑事诉讼法精解（第一卷·刑事侦查）》（第四版），吴宏耀译，北京大学出版社 2009 年版，第 400~401 页。

据依然具有可采性。①

由此可见，虽然美国对于违法获得的实物证据采取强制排除加例外的原则，但这一原则在运行方面存在广泛的“法益衡量”，如学者 Joshua Dressler 所言，“实质性的利益分析乃是非法证据排除规则长期关注的思想资源，它在救济和恢复第四修正案宪法权利方面起着重要的功用”。② 在具体适用上，法院在何种情形下适用或不适用例外情形，仍然蕴含着法益衡量法律方法。例如，法院考虑“非法行为的污点是否得到了充分的稀释，从而使得作为该违法的事实结果而被发现的证据可以采纳，这取决于三个因素的考量：(1)该非法行为与受质疑的证据被发现之间的时间上的联系；(2)‘介入情况’的数量和性质以及（3）公务不当行为的目的和恶意程度”。③“如果发现法院推理认为经由违宪或违法的方式获取的证据在某些程序类型中可以被采纳的话，那一定是基于利益权衡的考量。”④

相对于美国的绝对排除加例外模式，英国在对待非法实物证据问题上具有较大的灵活性，一般将是否排除的决定权交由主持审判的法官裁量确定。这一立场见于 1955 年的库鲁马案。在此案中，警察在未持令状的情况下搜查嫌疑人住宅并发现弹药，被告人要求认定该证据为违法所获证据而不予采纳。但枢密院认为，“适用于权衡证据是否可以采证的检验标准是，证据是否与争议中的问题有

① 参见［美］约书亚·德雷斯勒等：《美国刑事诉讼法精解（第一卷·刑事侦查）》（第四版），吴宏耀译，北京大学出版社 2009 年版，第 410~419 页。

② 转引自林喜芬：《非法实物证据的排除模式：利益权衡与客观化基准》，载《犯罪研究》2009 年第 1 期。

③ ［美］约翰·W. 斯特龙主编：《麦考密克论证据》（第五版），汤维建等译，中国政法大学出版社 2004 年版，第 347 页。

④ 转引自林喜芬：《非法实物证据的排除模式：利益权衡与客观化基准》，载《犯罪研究》2009 年第 1 期。

关。如果是有关的，则可以采证。法院不关心证据是如何取得的”。非法搜查或以类似行为获得的证据不适用与自白证据的可采性有关的规则，“毫无疑问，在刑事案件中假如依照严格的可采性规则将会导致对被告人不公平的结果的，那么法官就有不采纳这些证据的自由裁量权”。[①] 1984 年《警察与刑事证据法》第 78 条以立法的形式明确肯定了法官的自由裁量权，“如果法院认为，对该证据的采纳将对程序的公正性产生如此的影响以至于法院不应当采纳证据时，法院可以拒绝采纳该证据”。[②] 1997 年 R v Khan 案件在司法实务中再一次重申了这一原则：被告人因从一个小酒馆偷三明治而被逮捕，然后警察不合法地搜查了他的住所并在房间里发现了毒品，结果他被指控犯持有毒品罪。治安法官以通过不合法的搜查而获得的证据不可采为由撤销了起诉。起诉方不服提出上诉，上诉得到高等法院的支持。但高等法院这样做的同时，仍然承认法官有基于不公平而排除非法获得证据的自由裁量权。他们认为：假如警察不仅无权进入，并且已构成欺诈罪，或者以受道德谴责的方式行动，那么，对法官来说行使自由裁量权，不允许这样获得的证据在审判中提出就是理所当然的。[③] 也就是说，法官认为非法搜查所获证据并不是恶意，也不是以公然或者蓄谋违反规则的方式获得的，该项证据就可能被采纳。英国立法规定对非法证据是排除还是适用，更多地依赖于法官自由裁量。司法实务中，对于以不适当手段获取的口供以外的控方证据，法官除了在极为有限的场合下加以排除以外，一般承认其可采性。

---

① 参见熊秋红：《英国刑事诉讼中对非法获得的证据处理之评析》，载《中央检察官管理学院学报》1997 年第 3 期。

② ［英］麦高伟：《英国刑事诉讼法》，姚永吉译，中国政法大学出版社 2001 年版，第 320 页。

③ 参见熊秋红：《英国刑事诉讼中对非法获得的证据处理之评析》，载《中央检察官管理学院学报》1997 年第 3 期。

德国刑事诉讼理论将证据禁止分为举证禁止及证据使用禁止。举证禁止也即取证禁止，刑事诉讼中的各权力机关在侦查犯罪时，不能毫无限制，不择手段。法律为其收集证据规定了一系列程序和禁止采用的方法。例如，有些证据的取得只能经由特定之人指挥或实行方能有效；德国《刑事诉讼法》第136a条规定的禁止使用不正当的手段获得被告人供述等。证据使用禁止，即已经取得的证据基于法律或刑事政策的考量，不得作为认定案件的根据。举证禁止及证据使用禁止二者的关系如何，是否违反举证禁止规定所获得的证据必然导致使用禁止，这在德国理论界也存在争议，并未得出统一的结论。不过从主流观点看，对于非法取得的言词证据，在使用时是排除的。而对于其他非法方法取得的实物证据的禁止未作出明确规定。联邦最高法院尝试发展了“权利范围说”。依此学说，在违反举证禁止时，经该违反所取得之证据应否具有证据力（即是否被使用为证据），需要视状况而定。[①] 这种权利范围说实质也是一种利益权衡。对该违法证据是否适用，需要对权利人的权利范围是否已受到侵害；该侵害是次要还是重要；该侵害是否有正当理由以及以谁的利益考量等多个因素进行权衡。从联邦最高法院的一些刑事判决和刑事诉讼法主要教科书的观点可以推断，法院和大多数法律学者都不同意对非法取得的证据全部自动排除。例如，“涉及以验血及其他因不法之方式所勘验结果的证据能力：一无权限之人（如一基层警员）却对一事加以命令或指挥之或者一位非医生之人却着手进行勘验之工作（在实务上尤常发生：由医生助理进行验血）等。对这种因违反法律规定而得之证据，学术上极重要之见解迄今一直主张得为证据之使用（具有证据能力）”。[②] 在发现事

---

① 参见［德］克劳思·罗科信：《刑事诉讼法》，吴丽琪译，法律出版社2003年版，第214页。

② 参见［德］克劳思·罗科信：《刑事诉讼法》，吴丽琪译，法律出版社2003年版，第221页。

实真相的价值取向和程序公正的价值选择之中，德国的法院明显偏向于前者，从而使某些非法所得证据被采用，他们认为某些证据本身并没有受到非法行为的污染。德国司法实践中，是否排除非法证据由法院根据平衡个人利益和社会整体利益的需要加以裁量。

（二）非法实物证据法益衡量排除的标准

在大多实行裁量排除的国家和地区，法律一般没有规定法官享有裁量权的范围，也不对裁量排除的具体情形作出规定，而是授权法官根据具体案件综合判断。但这种法益衡量与纯粹的形式逻辑操作有所不同，各国和地区基于历史传统、制度背景、文化理念等不同，法官对各种价值权衡取舍时考虑的因素各有侧重。究其实质，潜伏在法益衡量中的实为评价性因素。对由违法取证行为所获得的瑕疵证据是否具有证明效力和采信原则方面的不同，这也反映出不同国家和地区对刑事诉讼中各种价值的不同评价。

加拿大宪章第24条（2）规定，对于那种以侵犯公民宪法权利的方式获取的证据，法院如果认为采纳它们将使司法制度的声誉受到损害的，即可以将这些证据排除。这一排除规则适用时须考量三个基本要素：一是证据的取得方式侵犯大宪章所确立的公民的宪法权利；二是侵犯宪法权利的行为与证据的取得之间具有合理的因果关系；三是采纳这一证据将损害司法制度的声誉。[①] 法官作出排除某一非法证据的裁决之前，必须谨慎地审查这三个条件是否同时具备。如果法官认为某一证据即使是非法获取的，但将其采纳为定罪依据并不会损害司法制度的声誉，法官有权决定采纳该证据。

按照德国法院所作的判决解释，对于违反法定禁止性规定而获取的证据，法院在作出是否排除的裁决时，通常需要考虑以下因素：一是违法取证行为是否损害了那些能从排除证据中受益的人（通常是被指控人）的法定利益；二是该证据是否必须使用违法手

① 参见陈瑞华：《比较刑事诉讼法》，中国人民大学出版社2010年版，第141～142页。

段方能取得；三是该证据的排除是否与那些被破坏的程序规则之目标相称；四是证据排除是否与“依据实体真实裁判案件”这一最高利益相冲突。这实际赋予法官对于违法获取的证据，衡量具体案件中互相冲突的利益，分析比较国家追诉利益与公民个人权利受损失的利弊之后决定是否适用该证据。

日本学者认为“对于某些物证，即使收集程序违法，证物本身的性质及形状也不会发生变化。当证据瑕疵轻微，违法性不严重时，并不影响扣押物的证据能力”。[①] 日本法律对于非法实物证据的证据能力没有明文规定，而是通过判例确立了规则。日本从1978年开始采用违法收集证据排除法规则，在最判昭和53年（1978年）9月7日的大阪冰毒案件的判决中，最高法院指出：“查明事实真相也必须保障个人的基本人权，也必须适用正当程序。除宪法第33条规定的情况和有令状的情况以外，宪法第35条保障住所不受侵犯、不受搜查和扣押的权利。根据这一规定，刑诉法严格地规定了搜查和扣押等内容。鉴于宪法第31条保障正当程序等内容，在扣押证等程序上无视宪法第35条和刑诉法第218条第1款规定的令状主义精神的，是重大违法。这种违法程序收集的物品可以作为证据，但是从抑制将来的违法侦查角度看，认为是不适当的，那么应当否定该证据的证据。”[②] 这一判例，确立了相对排除规则，因为判例要求警察的违法行为必须达到“重大违法”，才会导致证据排除。对于瑕疵是否轻微，学者认为“应当综合瑕疵的内容、被疑案件的罪质及轻重、被扣押物品人的诉讼地位、侵

---

① ［日］土本武司：《日本刑事诉讼法要义》，董璠兴译，台湾五南图书出版公司1998年版，第398页。

② ［日］田口守一：《刑事诉讼法》，刘迪等译，法律出版社2000年版，第242页。

害被扣押人权利的程度等，就具体案件分别作出判断”。[①]

中国台湾地区 2003 年“刑事诉讼法”第 158 条第 4 项规定：“除法律另有规定外，实施刑事诉讼程序之公务员因违背法定程序取得之证据，其有无证据能力之认定，应审酌人权保障与公共利益之均衡维护。”关于这条的规定，台湾地区“司法院”版的刑事诉讼法修正草案的原规定是“供述证据与非供述证据”，于“立法院”审查时，为避免条文规定累赘，将其简化为“证据”一词，并于理由内说明：“供述证据与非供述证据之性质不同，即系侵害了个人自由意思，故而应严格禁止，而收集非供述证据之过程如果违背法定程序，则因证物之型态并未改变，尚不生不可信之问题”。[②] 由此，台湾地区“刑事诉讼法”规定“应审酌人权保障与公共利益之均衡维护”即针对非法实物证据。至于如何执行“人权保障与公共利益之均衡维护”，学者见解不一。台湾地区“立法院”对该条进行增订的理由指出：“依实务所见，一般而言，违背法定程序取得证据之情形，常因个案之型态、情节、方法而有差异，法官于个案权衡时，允宜斟酌：一、违背法定程序之情节。二、违背法定程序时之主观意图。三、侵害犯罪嫌疑人或被告人权益之种类及轻重。四、犯罪所生之危险或实害。五、禁止使用证据对预防将来违法取得证据之效果。六、侦审人员如依法定程序有无发现该证据之必然性及七、证据取得之违法对被告诉讼上防御不利益之程度等各种情形，以为认定证据能力有无之标准，应能兼顾理论与实际，而应需要。”[③]

---

① ［日］土本武司：《日本刑事诉讼法要义》，董璠兴译，台湾五南图书出版公司 1998 年版，第 398 页。

② 林俊益：《刑事诉讼法概论》（上），台湾新学林出版股份有限公司 2009 年版，第 403 页。

③ 林俊益：《刑事诉讼法概论》（上），台湾新学林出版股份有限公司 2009 年版，第 404 页。

由于“法益衡量”方法缺乏客观性标准，评判标准过于抽象与任意，不确定性太强，不能赋予相关考量因素什么精确的分量，可能导致同案不同判损害司法的公平性。有学者提出对于需要衡量的法益作出量化的建议。美国学者 Kaplan 曾提倡“严重犯罪的例外”，主张“对最严重的犯罪，如叛国、间谍、杀人、武装强盗、组织犯罪之绑架等类型，原则上完全不适用证据排除法则”。[①] 也就是说，当犯罪的严重性超过警察违反程序的严重性，可以适用违法证据。执这种标准的学者试图建立一种客观操作标准，认为法益衡量应当使用一种让人信服的评价方式，避免所谓的“价值专制”。这种权衡结构符合德国学者阿列克西的权衡实质性规则，“（假如）对某一权利或者原则不满足的程度或者损害的程度应当增大，相应地，满足与其相对的另一原则的重要性就应当减小”。[②] 通过这一规则，将犯罪的严重性与非法证据的违法程度两个冲突的法益进行衡量，以实现惩罚犯罪与保障人权的平衡。犯罪是有社会危害性的行为，但是犯罪的社会危害性轻重程度不同，其所保护的法益的重要程度也就有所区别。惩罚严重犯罪比惩罚一般犯罪有更高的利益，所以允许严重犯罪适用违法取得的证据。但这种学说因为严重犯罪划分标准存在分歧，以及有可能鼓励警察在此类犯罪中不遵守程序的担忧，受到批评。而且这种标准它所关注的只有犯罪的轻重与违法程度两个法益。显然在此意义上，对于非法获得的实物证据企图一劳永逸地建立一个判断标准是不可能的。

国（境）外对于可裁量排除的证据大多采取排除或者不排除的裁决，通常没有第三种选择。法院一般不会给予公诉方补正违法获取证据的机会，更不会允许在审判阶段侦查人员重新收集证据或者补充制作案卷笔录。但在少数大陆法系国家也存在尽力纠正先前

---

① 王兆鹏：《美国刑事诉讼法》，北京大学出版社 2005 年版，第 35 页。

② ［德］罗伯特·阿列克西：《论权衡与涵摄——从结构进行比较》，刘叶琛译，载《法哲学与法社会学论丛》2006 年第 2 期。

发生的程序错误，从而“挽回”有争议的证据的情形。例如，侦查法官忘记告知被告人的配偶其具有免证特权，审判法庭可以告知其这一内容，之后再从被告人的配偶处获得可以采纳的陈述；法院甚至认为在证人被告知其权利后果后如果征得其同意，在上述情形下可以提交先前的陈述。① 在域外证据法理论和司法实务中，也有少数国家认可通过补充告知权利、征得当事人同意等方式，补正先前取证程序存在瑕疵的证据，从而继续使用该证据。

二、我国刑事瑕疵证据补救的法理分析

在我国，对于轻微违法的瑕疵证据没有借鉴域外大多国家和地区的做法，允许法官运用自由裁量权权衡后确定是否予以适用。我国“两个证据规定”和最高法《解释》明确规定了对瑕疵证据审查、补救制度。即对轻微违法的瑕疵证据允许控方采取补正或合理解释方式，以弥补证据收集或形式的缺陷，通过对证据瑕疵予以补救，使之具备证据能力。我国为什么没有把违法证据能否适用的处理归入法官自由裁量的领域，而是对于瑕疵证据采用补救的处置方式，主要基于三方面的考量。

（一）基于正当程序的要求

刑事诉讼领域，为了追诉犯罪，侦查权被法律赋予更多的强制性色彩。国家的这种强制性侦查活动，一方面能够有效地打击与惩罚犯罪，维护社会秩序；另一方面如果运用不当，势必对个人权利造成侵害。所以尽管发现案件真相并对犯罪人施以刑罚，是刑事诉讼的重要目标。“但是，这绝不表示刑事诉讼容许以不择手段、不顾是非及不计代价的方法来发现真实，因为现代国家的刑事诉讼同

① 参见［德］托马斯·魏根特：《德国刑事诉讼程序》，岳礼玲、温小洁译，中国政法大学出版社 2004 年版，第 200~201 页。

时追求其他目的，尤其是合乎法治国基准的诉讼程序。”[①] 法治国家刑事诉讼法的任务之一，是通过制定程序规则规制国家公权力机关的行为，禁止国家为追诉犯罪而不择手段。这既是法治国家为发现真实所限定的界限，也是刑事诉讼进入文明时代的正当程序要求。

正当程序，也称为正当法律程序，或者法律的正当程序，起源于古老的自然法。[②] 经历近千年的发展与演变，正当程序已成为遏制国家权力滥用和人权保障最重要的宪政理念和法律依据。有关正当程序的法律依据，主要体现在诉讼法律规范中，对诉讼行为规定极其细致的规范。我国现行的刑事诉讼法及其相关司法解释，可以说是以正当程序为主所构建的法律规范，所有强制措施和侦查行为如逮捕、搜查、扣押、辨认、讯问、技术侦查手段的程序要件，都是正当程序的相关规定，如侦查行为的实施主体；侦查行为发生的场所；侦查行为的时间；侦查行为的实施方式；侦查行为的表达方式等。违反这些程序规定所收集的证据都是不合法证据，我国“两个证据规定”创造性地根据不合法证据的违法程度区分为非法证据与瑕疵证据。从本质上讲，瑕疵证据仍然是违反法定程序或方法收集的证据，虽然“这些程序性违法行为所造成的侵权后果不是十分明显，并没有严重损害公共利益，只是轻微地侵害公民的一些程序性权利，一般不会带来明显的消极后果，也不会形成冤假错案。但就其实质而言仍然是对刑事诉讼程序的违反，并在一定程度

---

① 林钰雄：《刑事诉讼法》（上册），中国人民大学出版社 2005 年版，第 8 页。

② “任何人都不得在与自己有关的案件中担任法官（nemo judex in parte sua）；应听取双方之词，任何一方之词未被听取不得对其裁判（audi alteram partem）。”是最古老的自然法原则。英美法系法官认为其具有三个特征：有权向不偏听偏信的法官和正式法庭陈述案情；有权知道被控告的事由；有权对控告进行辩解（参见龚祥瑞：《西方国家司法制度》，北京大学出版社 1988 年版，第 128 页）。

使得刑事诉讼法所确立的法律秩序和法律关系遭受破坏”。① 政府守法是法治国家的前提，侦查机关作为公权力机关对法律规范的违反，即使是轻微违法也可能带来公众信任的危机，削弱公众对国家机关通过法律调整社会矛盾的信任心理，势必加剧社会的混乱状态。因此，侦查机关的轻微违法行为也应该受到一定的制裁；瑕疵证据不能因为是轻微违法的后果，并对查明案件事实有价值，便允许其畅通无阻地成为证明案件事实的依据。

随着程序正义理念深入人心，很多国家都建立了非法证据排除规则。但即便是很早就确立了非法证据排除规则的国家，也无法做到对所有的非法证据完全排除。在我国目前侦查能力和水平现状下，有些案件中证据数量少、种类不多，如果对瑕疵证据一概的或者绝大部分的不予采信，这必然会使司法部门在取证方面受到过分的限制，会造成因许多证明力很强的瑕疵证据未被采信而使犯罪分子逍遥法外。因此，“两个证据规定”和最高法《解释》针对取证行为违法程度的不同，对于违法程度较轻的瑕疵证据确立了补正与合理解释规则，即使轻微违法所获得的证据基于惩罚犯罪的需要，要作为定案的依据，也不能直接适用，而应当对其设置一定的制度保障，保证其达到可以采纳的标准，符合正当程序的要求，一方面体现对正当程序的尊重，另一方面也是对瑕疵证据证据能力的补救。

（二）基于对法官自由裁量权的限制

裁量排除主义允许法官通过利益衡量，具体确定是否应当排除违法收集的证据。但是，赋予法官权衡最大的缺点在于高度的不确定性及不安全性，是否能够真正有助于个案的公正追求，也是大有疑问。正如我国台湾地区学者认为，“台湾实务迄今仍然停留在‘与刑求自白奋战’的第一阶段；至于其他欺诈、利诱、疲劳讯

① 胡忠惠：《刑事瑕疵证据的文本分析》，载《人民检察》2013 年第 13 期。

问、违法羁押等，鲜见实务相关裁判；至于测谎、催眠等，也不被实务承认本条项之‘其他不正方法[①]’。因此，包括测谎在内所有证据，只得在证明力层次解决，造成自由心证的膨胀与滥用”。[②]尽管利益权衡的法律方法在比较法层面彰显着普适性的特征，但“衡量也好，称重也罢，这些都是形象化后的说法……此等评价最困难之点正在于：其并非取向于某一般性的标准，毋宁须同时考量当下具体的情况”。“若果如此，那么法益权衡究竟还算不算一种方法，或者它只是下述自白的简称：于此，法官根本没有任何方法原则为后盾，而只是依其自定的标准而作成裁判的？倘若如此，对于依在个案中之法益权衡所作的裁判即无从控制，法官也可以堂而皇之依自己的主观见解来裁判。”[③] 我国“两个证据规定”和最高法《解释》将非法证据之外的不合法手段或程序取得的证据规定为瑕疵证据，即轻微违法的证据没有纳入非法证据的范畴，不适用绝对排除的原则，而是规定了瑕疵证据补救规则。

首先考量因素是我国法官能否正确运用自由裁量权。任何握有不受限制的权力的人都会滥用权力，这是万古不易的真理。毫无疑问，赋予法官不受限制的对证据能力进行自由审查判断的裁量权，也会产生这样的顾虑。“‘自由’解脱了法官心证的某些外在约束，却为法官的任意行为设定了一定的合法性前提；‘心证’使法官的良知和判断力得到了实际的运用，但心证过程的主观性以及法官的

---

① 我国台湾地区“刑事诉讼法”第156条第1项规定：“不得用强暴、胁迫等不正当方法取得证据。”此处“不正当方法”为不确定的法律概念，并不明确，因此造成台湾刑事诉讼实务中对此认识不一，法官自由心证滥用。

② 林钰雄：《刑事诉讼法》（上册），中国人民大学出版社2005年版，第446页。

③ ［德］卡尔·拉伦茨：《法学方法论》，陈爱娥译，商务印书馆2003年版，第279页。

心证能力的差异无疑将削弱其对客观事实的决定力。”[①] 我国现有法官队伍的非精英化，无论是对证据资格审查认定的能力还是规范适用法律的素质，引起立法机构的担忧。而愈演愈烈的法官腐败问题严重影响了法官的公正性和权威性，也动摇民众对法官的信任，法官的自由心证很难让民众产生良好的认同感。[②] 许多案件中法官都可能以自由裁量为名，掩盖预先定好的结果；甚至有些法官会误认为反正是自由裁量，都是自己的主观认识，得出什么结果都不违法。因此，自由裁量权成为法官“跟着感觉走”思考方式的法律美名。

其次要考量降低证据错误认定的可能性。瑕疵证据虽然大多是违反技术性或手续性程序规则的后果，一般不会直接造成证据事实的错误，但仍然有潜在的错误风险。瑕疵证据可能会在一定程度上存在虚假，对发现案件真相产生阻碍作用。缺乏约束的自由裁量权不仅容易给滥用司法权留下机会，也可能对瑕疵证据审查判断中造成错误认定，影响整个案件事实的裁判。一个人的理性认知能力不是无限的，任何一件案件的裁判是掺有法官主观因素在内的产品，很可能与其经历、情感、意向、性格等方面密切相关，可以说判决是法官所有主观性的结晶，换言之，判决是法官生活史和经验的缩影。因此对证据资格的评价，法官也极可能受到自己的情感、偏

---

① 顾培东：《社会冲突与诉讼机制》，法律出版社 2004 年版，第 124 页。

② 据最高人民法院向全国人大所作的工作报告中披露的数据，1989 年—2012 年法官违法违纪人数占总人数的比例在 2%～5%之间浮动，且从 2001-2009 年被查处的中院院长就有 13 位之多（由于我国信息不公开等原因，真实的数据应该高于这个统计出来的“部分”数据）；法官群体违纪违法即所谓法院窝案亦更为普遍，2000 年—2009 年被查处的法院窝案就有 11 起之多。足以说明我国法官违纪违法的数量委实骇人，法官职业伦理和知法守法之总体状况始终不容乐观，甚至是相当令人忧虑（参见刘练军：《司法要论》，中国政法大学出版社 2013 年版，第 326～330 页）。

见、偏激等因素的影响。法院通过责令控方进行必要的程序补救，对一些形式上或取证技术上的瑕疵进行补救，不会改变证据本来的面貌，可以消除人们对证据真实性的怀疑，避免可能不真实、不可靠的证据成为法院定案的根据，影响实体真实的发现。

因此，我国立法者对瑕疵证据的处置没有完全交由法官进行自由裁量，而是确立瑕疵证据补正与合理解释规则。依据补救规则，对于案件中存在的瑕疵证据，法官必须责令控方进行补救，没有选择是否要求补救的自由裁量权。这一具有中国特色的瑕疵证据补救规则是对法官自由裁量权的制约。

（三）基于对侦查违法行为的制裁

在域外证据法理论和司法实务中，对于轻微违法取证行为获取的证据，只有少数国家允许补正先前取证程序存在瑕疵的证据，补救后认可其证据能力。大多国家对此类证据的态度是容忍该证据，允许采纳其作为定案依据。“从古至今，法律行为中的错误一直都以形形色色的方式存在着，人们在不断地纠错的过程中，亦逐渐锤炼着容忍错误的标准，书写者的错误不应造成损害（Errors scribentis nocere debent）、如果事物本身究竟是何物是清楚的，那么其名称的错误亦无甚大碍（Error niminis nunquam nocet，si de indentitate rei constat）、未对错误提出异议或反对即是对该错误的认可（Error qul non resistitur approbatur）等，这些古老的拉丁谚语都不断地告诉我们如何认识瑕疵，并容忍瑕疵。”[①] 时至今日，许多国家对轻微违法的瑕疵证据普遍采取忽视瑕疵的做法，实质是对此类证据的容忍。例如，《荷兰刑事诉讼法》第359条A规定对于违法程度轻微的情形，作出不产生实质性后果的处理。即针对非常轻微的违法取证行为，如果非法取证或者程序违法情况没有产生任何不利于被告人的后果，不影响案件公正审理，则法官可以对违法取

---

① 夏红、龚云飞：《合法与非法之间——以两个规定对瑕疵证据的立场为切入点》，载《中国刑事法杂志》2012年第3期。

证行为不采取案件不予受理、排除非法取得的证据和对被告人判处较轻刑罚的三种措施。[①] 从某种意义上讲，忽视瑕疵就好比人体自我康复。自我康复有两种方式，明示忽视瑕疵与默示忽视瑕疵。明示忽视瑕疵，是指有权对瑕疵行为提出异议的当事人明确地放弃提出异议，甚至根据法律接受行为的效力。明示忽视瑕疵像是通过诸如瑜伽等积极的体育锻炼活动修复创伤。默示忽视瑕疵，是指相关当事人以不作为的方式放弃追究瑕疵的权利。默示忽视瑕疵像是不用做任何活动，让人体自然康复。[②] 国外对于轻微违法取证行为尤其是善意的程序瑕疵或者证据瑕疵给予了宽缓的容忍处理，极少有第三种“补救”的处置方式。

瑕疵证据的补正与解释意味着控方有机会对证据瑕疵进行补救，法官对补救的结果进行审查，然后再作出排除或者不排除的裁决。虽然瑕疵证据是轻微违法的后果，一般情况下并不影响案件事实真相的认定，但我国没有像大多数国家一样对证据瑕疵忽略不计，而是责令控方进行补救，是因为瑕疵证据毕竟是违法程序的结果，如果允许其毫无差别地像合法证据一样直接适用，等于变相地鼓励侦查机关的违法行为。要求控方对瑕疵证据补救体现了对不同情形下违法证据的程序性制裁，“对这个问题的讨论最好避免把‘证据排除规则’简单地理解成一个涵盖一系列情形的单一规则。相反，这一领域应该被界定为包括众多的可能存在的证据排除规则和制裁。一项排除性制裁可以被附加于任何在证据收集过程中可能违反的法定要求，有多少此类的法定要求就存在多少潜在的证据排

---

① 参见郎胜主编：《刑事辩护与非法证据排除》，北京大学出版社 2008 年版，第 190~191 页。

② 印波：《刑事诉讼行为瑕疵的程序性后果：一项统一、科学的理论》，中国人民公安大学出版社 2012 年版，第 198 页。

除制裁”。[①] 法院要求控方对瑕疵证据进行补正或合理解释，属于对违法收集证据的一种程序性制裁，不仅对办案人员有明确的义务要求，而且对拒绝补救的行为和补救不合理确立了消极性的法律后果，如果不补正或解释不合理，该瑕疵证据不能作为定案的依据。“所谓‘补正’，是法院在侦查行为存在‘程序瑕疵’之后，责令公诉方对‘瑕疵证据’作出补充和纠正的行为。对于侦查人员违反法律程序的行为，法院宣告其存在‘程序瑕疵’，这属于对非法侦查行为的一种权威谴责。”[②] 这种谴责在一定程度上可以起到惩罚违法取证行为，威慑潜在违法者的作用，有助于侦查机关加强对瑕疵证据的规范，减少瑕疵证据的出现。

三、我国检察机关审查补救瑕疵证据的理论基础

国外非法证据排除规则主要在法庭审理阶段进行，通过对非法证据的排除适用影响侦查和起诉工作。即使在审前程序中对非法证据的排除，也是通过司法审查程序，由法官主持进行，公诉机关在非法证据排除的听审中只是充当被动应诉者的角色。我国《非法证据排除规定》第 3 条，赋予检察机关在审查批准逮捕与审查起诉时依法享有审查证据合法性的职权。《刑事诉讼法》第 54 条第 2 款明确检察机关作为审查起诉主体，负有主动排除非法证据的义务；该法第 55 条确立了检察机关因相关人员申请，而享有的审查排除非法证据的职权。

从调研情况看，检察机关在审查起诉阶段，要求侦查机关补救证据瑕疵的案件 50 件，约占瑕疵案件数的 7%。检察机关对瑕疵证据的审查是混杂在非法证据审查中，并没有对非法证据与瑕疵证据进行区分。从检察机关要求侦查机关补充侦查的提纲可以看到：“……二、调

① ［美］约翰·W. 斯特龙等主编：《麦考密克论证据》（第五版），汤维建等译，中国政法大学出版社 2004 年版，第 315 页。

② 陈瑞华：《论瑕疵证据补正规则》，载《法学家》2012 年第 2 期。

取以下证据排除非法证据：1. 提供破案报告；2. 调取各犯罪嫌疑人入所体检表；3. 何某的三份辨认笔录为在同一时间内进行，需说明；4. 搜查笔录表述的搜查证的时间在后，搜查时间在前，有矛盾；5.《毒品鉴定书》：'抓获犯罪嫌疑人马某、沈某某，从沈某某处缴获毒品可疑物，经电子天平称重，净重 0.02 克，经鉴定检出海洛因成分'，该文表述从沈某某处缴获毒品可疑物，无提取笔录和计量记录？来源不清；6. 从马某处调取的 SONY 数码摄录一体机，卷内反映不出提取地点。……"

侦查机关对检察机关提出的问题进行了解答："……4. 搜查笔录表述的搜查证时间问题系笔误，经犯罪嫌疑人马某某确认，已予以纠正……6. 关于从马某某处调取的 SONY 数码摄录一体机卷内反映不出提取地点的问题，现无从查证。"

从提纲和解答可以看出，只有问题"2. 调取各犯罪嫌疑人入所体检表"与非法证据的证明相关，其他问题均与《非法证据排除规定》中界定的非法证据无关，上述问题的解决，实际是侦查机关对违法程度不严重的瑕疵证据进行补正与合理解释。检察机关作为非法证据的审查与排除主体，实际也是瑕疵证据的审查者与补救者。我国《刑事诉讼法》为何赋予检察机关审查非法证据的权力，其理论基础是什么，有必要作进一步研究。

（一）检察机关审查证据权力的属性

"从立法角度，合理配置权力是一个无法避免的技术问题。现代刑事诉讼中，国家权力遵循权力有限的非集权原则，要求对权力进行了技术性分解。"① 我国《宪法》有三条内容涉及检察权和检察制度，第 129 条规定"……检察院是国家的法律监督机关。"第 131 条规定："人民检察院依照法律规定独立行使检察权，不受行政机关、社会团体和个人的干涉。"第 135 条规定："人民法院、人民检察院和公安机关办理刑事案件，应当分工负责，互相配合，

① 徐阳：《权力规范与权力技术》，法律出版社 2010 年版，第 12 页。

互相制约，以保证准确有效地执行法律。”这三条均没有明确规定我国检察权具有法律监督权的性质。我国检察机关行使法律监督权是对宪法进行理解和推论得出的结论，如有学者认为“检察机关是法律监督机关，其主要职能就是进行法律监督”,[①]“法律监督是社会主义国家检察权的本质特点”,[②]“古今中外各种类型的检察权在不同的范围内和不同的程度上以不同的形式具有法律监督的性质，因而法律监督是检察制度的本质属性”。[③] 而检察机关与公安机关、法院之间法律监督性质的宪法关系也需要推导才能得出，这种推导必须基于历史文件、制宪过程、宪法解释等才能得出。[④]

刑事诉讼法既是诉讼过程中权力运行的规范，又是权力有效运行的技术保障。我国《刑事诉讼法》第 3 条和第 8 条从静态的角度，对检察机关的权力进行了有效配置。《刑事诉讼法》第 3 条第 1 款规定：“对刑事案件的侦查、拘留、执行逮捕、预审，由公安机关负责。检察、批准逮捕、检察机关直接受理的案件的侦查、提起公诉，由人民检察院负责。审判由人民法院负责。……”该法第 8 条规定：“人民检察院依法对刑事诉讼实行法律监督。”检察机关在刑事诉讼中享有的审查批捕、审查起诉权力与其宪法赋予的法律监督权有效地结合在一起，生成具有中国特色的检察权，既具有裁量性又具有监督性。检察机关对非法证据的审查排除职责，便是这一权力的充分体现。

自由裁量性是权力运行的属性之一。法律上的一切权力，作为与“职责”相对的一个概念，都包括裁量的因素在内，只是程度

---

① 韩大元、刘松山：《论我国检察机关的宪法地位》，载《中国人民大学学报》2002 年第 5 期。

② 谢鹏程：《论检察权的性质》，载《法学》2000 年第 2 期。

③ 李征：《中国检察权研究》，中国检察出版社 2008 年版，第 162 页。

④ 参见韩大元、于文豪：《法院、检察院和公安机关的宪法关系》，载《法学研究》2011 年第 3 期。

不同而已。[①] 检察权作为一种权力，与生俱来地具有裁量性，如对侦查机关提出的关于逮捕犯罪嫌疑人的请求进行审查，作出批准逮捕或不批准逮捕的决定；对于酌定不起诉的情形决定起诉或是不起诉。对证据取得是否合法、是否非法证据、是否应当排除的理性分析以及内心确信的过程充满了考量与权衡。这种处分侦查结果、审查判断证据的行为，同法官的裁判行为近似，是裁量权的充分体现。同时，我国检察权具有法律监督权的属性，“由检察机关对侦查活动行使监督制约的职权是我国司法权力制度化配置方式，与西方国家由独立、中立的法院对审前程序进行司法审查完全不同”。[②] 刑事证据监督，源于检察机关对非法证据的审查排除，是检察机关对于侦查机关的侦查行为和侦查结果行使监督权的过程。检察机关对证据合法性的审查，尤其是对涉案证据审查判断后，有权作出依法采纳有效证据、排除非法证据、要求补强证据或者转化瑕疵证据，并作出退回补充侦查、起诉、不起诉决定，可以有效抑制侦查机关恣意滥用侦查权，引导侦查行为合法化运行，从而落实检察机关对侦查活动的监督制约职权。

（二）我国法院与检察院关系的特殊性

《刑事诉讼法》第7条规定：“人民法院、人民检察院和公安机关进行刑事诉讼，应当分工负责，互相配合，互相制约……”的规定，从动态角度对我国刑事诉讼中国家机关的权力进行了定位。以权力制衡理论与三权分立体制为基础的国家，刑事诉讼中国家权力更多呈现出制衡的态势，相互配合的立法规定较少。因而有作者对我国三机关“相互配合”的规定提出批评，认为“我国刑事诉讼法中的三机关‘相互配合’条款生成在一种国家权力一体

① ［英］威廉·韦德：《行政法》，徐炳等译，中国大百科全书出版社1997年版，第16页。

② 李红辉：《检察机关排除非法证据的法理分析》，载《中国刑事法杂志》2012年第5期。

化的语境中。其立法思维依然沿袭20世纪60年代的法律工具主义模式，即刑事诉讼仅仅是实现国家刑罚权的工具，公、检、法三机关是掌握这一工具的专政机关”。[①] 我们认为，这一理解有失偏颇，应该说“相互配合”正是我国刑事诉讼中法院与检察院关系有效安排的一个表现。

从我国法院与检察院的关系分析，在权力配置上，二者均具有司法机关的性质。从外国宪法文本的分析也可以看出，在统计规定检察权的国家宪法中，“检察权通常存在于其他的权力之下，尤其是在司法权之下规定检察权的国家最多，占到了42%”。[②] 从我国宪法规定的检察权的定位看，“人民法院和人民检察院”作为一节规定在宪法第三章权力机关内，宪法将人民法院和人民检察院作为一类权力机关进行设计，所以可以理解为我国检察权具有司法权性质。

在权力定位上，二者在刑事诉讼中互相制约、互相配合，共同保障刑事诉讼的顺利进行。我国检察机关的非法证据审查排除职能，凸显出中国司法体制的特点。检察机关作为排除非法证据的主持者，实际上是承担一般要求由司法机关承担的职能，通过非法证据审查，对以刑讯逼供、暴力取证等非法方法收集的犯罪嫌疑人供述、被害人陈述、证人证言，依法予以排除；对于其他未严格遵守法律规定收集的瑕疵证据，依法重新收集或采取其他补救措施后，才能作为指控犯罪的根据。而且“我国检察权的社会主义性质，强调其服从和服务于‘党和国家工作的大局’。相对于其他国家检察机关的‘去政治性’，中国检察机关及检察活动具有较强的政治

① 徐阳：《权力规范与权力技术》，法律出版社2010年版，第61页。

② 王秀哲：《宪法文本中的检察权》，载《浙江工商大学学报》2012年第6期。

性”。[1] 检察机关的非法证据的审查权，是对司法权在中国法语境下的有效配置。我国刑事诉讼中公、检、法三机关的关系，并非呈现出三角结构，而是一种流水线式构造，检察机关居于承上启下的环节。通过对非法证据的审查排除，能起到独立的过滤层作用，过滤可能的冤假错案，降低诉讼风险，从而体现我国检察院与法院的工作配合。

（三）检察官客观义务与辩方弱势的互补

大陆法系创设检察官制度的宗旨之一即“作为法律的守护人”，“检察官创制目的一方面乃为废除由法官一手包办侦查的纠问制度，制衡法官权力，另一方面也为防范法治国沦为警察国，控制警察活动。换言之，检察官扮演国家权力之双重控制角色，既要保护被告免于法官之恣意，亦要保护其免于警察之恣意”。[2] 国家对于犯罪的侦查、控告与有罪裁判由不同的权力机关分别完成，这种权力分立表明国家在剥夺私人权利时的谨慎态度和克制精神，通过权力分立对国家权力剥夺公民权利进行制约。检察机关作为公诉人与犯罪嫌疑人在法庭上的对抗，表明在程序意义上国家追诉与犯罪嫌疑人的武器平等。代表公共利益的检察机关的控告行为被安放在与私人利益公开博弈的司法程序中，表明“公诉权是人类社会法制文明发展到一定历史阶段的产物，是人类社会抛弃专制主义的人治而厉行法治的理性选择”。[3] 检察官被赋予了强烈的客观义务，即为了发现案件真实，不应站在当事人的立场，而应站在客观的立场上活动。英美法系国家，也有学者提出“检察中立”的观点，

---

① 龙宗智：《中国法语境中的检察官客观义务》，载《法学研究》2009年第4期。

② 林钰雄：《检察官论》，台湾学林文化事业有限公司1999年版，第16~18页。

③ 郝银钟、付良英：《论公诉权的制度诱因与价值基础》，载《中国人民大学学报》2001年第1期。

“中立即要求检察官在作出决定时必须保持客观，并且在检察过程的每一个阶段，他们都不能先入为主地审查证据”。[①] 客观公正是检察机关的义务，检察官不是单纯的一方当事人，而是国家法律的代表者。在刑事诉讼活动中，检察机关应当克服单纯的追诉倾向和先入为主的思维方式，既要惩罚犯罪，又要保障人权，既要注意审查犯罪嫌疑人、被告人有罪、罪重的证据，也要注意审查犯罪嫌疑人、被告人无罪、罪轻的证据，并对侦查机关收集证据的合法性进行审查。

在创设检察官中立理论的国外，只是将检察官的客观义务作为伦理责任或“消极义务”，并没有在法律中明确规定检察官排除非法证据的职责。我国刑事诉讼中，要求检察官审查侦查机关非法证据，一方面是因为检察官具有客观义务，理应更忠诚于法治精神。另一方面，在我国现行刑事诉讼制度中，控辩双方的地位及对刑事诉讼进程和结果的影响力极不平衡，代表公权力的控方（包括行使侦查权与起诉权的机关）明显处于优势地位，而作为辩方的犯罪嫌疑人、被告人及其委托的辩护人则处于相对弱势。犯罪嫌疑人、被告人因强制措施的施予及自身法律知识、技能的欠缺而无法与公权力相抗衡自不必言，而目前我国律师参与刑事辩护的比率偏低，以及律师的辩护权处处受到限制和剥夺的现实也加重了即使是专业律师充当的辩护人也无法与公权力平等对抗，充分维护犯罪嫌疑人、被告人权益的状况。为了校正这种不平衡，有必要在中国法语境中对检察官审查非法证据的客观义务进行明确规定。

---

① ［美］布鲁斯·A. 格林、弗雷德·C. 扎卡瑞尔斯：《检察中立论》，徐静村、陈颖、詹勇译，载徐静村主编：《刑事诉讼前沿研究》（第六卷），中国检察出版社 2007 年版，第 376 页。

第六章　刑事瑕疵证据规则体系的完善

一、刑事瑕疵证据的范围

要构建刑事瑕疵证据的规则体系首先需要明确刑事瑕疵证据的范围。根据《死刑案件证据规定》和最高法《解释》的相关条文，瑕疵证据主要是针对各种收集证据和固定证据的笔录而言的。结合对瑕疵证据的界定——违反非实质性程序规则，违法后果轻微两个特点，在确定瑕疵证据的范围时应当同非法证据进行严格区分。

（一）刑事瑕疵证据的判断标准

设定刑事瑕疵证据的范围，需要明确瑕疵证据的划分标准。首先，要明确刑事瑕疵证据制度的立足点是限制瑕疵的产生，规范侦查取证行为，而非扩大与突破。因此，瑕疵证据的划分应当持谨慎的态度。其次，关于瑕疵证据中瑕疵的判断标准可以尝试从主观标准与客观标准这两个方面理解。

主观标准，是指侦查人员违背法定程序时的主观意图。瑕疵证据判断中，侦查机关及其人员的违法取证行为在主观上只能是过失而不能为故意，且过失只能是一般过失，不包括明显过失与重大过失。这个标准可以借鉴美国非法证据排除规则中的“善意例外”。多年来，联邦最高法院已经就非法证据排除规则确立出一些“善意的例外”（good faith exceptions）。这意味着即使存在错误或者失误之处，只要不是警察故意犯的，或者如果是警察故意犯的，但错误或过失是诚实和合理的，警察收集的证据也可以被法院采纳。根据善意的例外，警察主张他或她不知道行为是非法的并不足够；还需要警察对于行为是合法的保有一种诚实和“客观合理的信念”。[①]

客观标准应当从违法性质、瑕疵对证据危害大小以及瑕疵的合理性几个方面予以判断。

第一，从瑕疵的违法性质来看，其违反的应当是证据收集的程序性规则，且非实质性程序规则。同时，违法取证不侵害当事人受宪法和法律所保护的基本权利。其“瑕疵”并不是严重违法、严重侵权或根本违背刑事政策，也不是可能影响公正审判的重要因素，而仅仅是一些技术性、细节性的程序瑕疵，即那些在程序方法、步骤、时间、地点、签名等技术环节存在的轻微违法情形。[②]这种不规范只是技术性违法，有别于刑讯逼供、暴力威胁等严重违法取证行为。

第二，要判断瑕疵对证据会产生何种危害后果。一方面要分析瑕疵对证据合法性的破坏是否可以修复，如果违法行为对于证据合法性产生了不可修复的破坏力，就难以通过补救方式补强其证据能力，这类证据就不能纳入瑕疵的范畴。另一方面要分析能否通过补救措施阻隔违法的后果，消除对证据真实性的影响。《死刑案件证据规定》中对瑕疵证据处理的通常表述为“证据的收集程序和方式有下列瑕疵，通过办案人员的补正或者做出合理解释的，可以采用”，也就是说，通过采取补正或合理解释等补救措施，消除瑕疵证据的违法性对证据可靠性的影响，该证据就具有可采性，否则不具有可采性。“比如，讯问笔录上没有讯问人签名的是可补正的证据瑕疵，法律并不因讯问笔录不符合法定形式而要求直接将之排除，而是允许办案人员进行补正或作出合理解释，补正之后的讯问笔录也就可以采纳作为证据使用。讯问人员的补充签名具有治愈瑕

① ［美］罗纳尔多·V. 戴尔蒙德：《美国刑事诉讼——法律和实践》，张鸿巍等译，武汉大学出版社 2006 年版，第 115 页。

② 牟绿叶：《论可补正的排除规则》，载《中国刑事法杂志》2011 年第 9 期。

疵的功能，使得讯问笔录被视为自始存在且有效，最初证据形式上的要件缺失最终也就不会影响讯问笔录的证据效力。”① 如果补救措施难以阻隔程序违反对证据真实性的影响，就不可以适用瑕疵证据。比如在辨认过程中，辨认的形式或程序违法将导致辨认结果准确性受到质疑，侵害被告人的公正审判权，即便重新制作也无法消除前一次错误对辨认结果的不可修复的破坏力，该辨认结论就不可纳入瑕疵范围。需要强调的是，通过采取补救措施将瑕疵证据的不合法阻断，转化为具有可采性的证据。所以对该瑕疵证据的转化方式的可靠性、真实性要进行审慎的审查，防止瑕疵证据范围的扩大，混淆瑕疵证据与非法证据的界限，同时要对转化所应达到的标准严格把握。

第三，瑕疵的合理性从一般谨慎下履行职务还不能避免瑕疵产生和瑕疵的数量角度予以判断，如果侦查人员在侦查取证中，本着审慎履行职责依然会出现的瑕疵视为具有一定合理性，否则不具有合理性。此外，还必须考虑瑕疵的数量，尤其是当一个案件中多份证据存在瑕疵，可能恰恰反映出本案在证据体系的构建中存在巨大的问题，甚至不排除冤案、假案的情况。

《刑事诉讼法》第 48 条对证据的法定种类作出具体规定，同时《刑事诉讼法》和相关解释对各类证据的收集制定了相应的取证规则，公安司法人员在取证过程中应当严格遵守规定，通过证据收集的合法性确保证据的真实性与可靠性。违反《刑事诉讼法》与相关解释规定的取证规则，可能导致证据出现瑕疵。《死刑案件证据规定》和最高法《解释》规定的瑕疵证据情形有的属于技术性的、轻微的违法产生的瑕疵；有些瑕疵证据是警察完全可以避免的常识性错误；有些瑕疵的出现已经超出了侦查机关一般过失，甚至有些瑕疵就是对刑事诉讼法的突破和严重背离，已经超越了可补

① 牟绿叶：《论可补正的排除规则》，载《中国刑事法杂志》2011 年第 9 期。

救的范围。可见，尽管立法者强调技术性的、轻微的违法，但实际在瑕疵划分标准上却比较混乱。所以，合理而谨慎地界定瑕疵证据及其范围是适用瑕疵证据的前提。为了便于对证据瑕疵的分析简单明了，我们采用学理上的分类来归纳瑕疵证据的范围，把瑕疵证据分为违反言词证据取证规定的瑕疵与违反实物证据取证规定的瑕疵两大类。

（二）违反言词证据取证规则之瑕疵证据

言词证据主要是指以人的陈述为存在和表现形式的证据，又称之为人证，它包括被害人陈述、犯罪嫌疑人、被告人供述和辩解、证人证言、鉴定意见、辨认笔录、电话录音等。收集言词证据的方法主要是讯问、询问、辨认、鉴定及证据保全等。首先，违反言词证据取证规则的侦查人员主观上只能是一般过失，这一主观上的判断可以从侦查人员对其行为的解释来分析，同时结合侦查人员违反取证规则的客观行为的性质及后果进行综合界定。其次，侦查人员违反言词证据取证规则的行为应当属于程序上的轻微违法。确定收集言词证据中的违法属于程序上的轻微违法，应当从如下几个方面来进行考量：

1. 不得违反关于言词证据收集中的禁止性规定或基本原则

《刑事诉讼法》第 50 条规定："……严禁刑讯逼供和以威胁、引诱、欺骗以及其他非法方法收集证据，不得强迫任何人证实自己有罪。……"为此，《刑事诉讼法》第 54 条第 1 款明确规定："采用刑讯逼供等非法方法收集的犯罪嫌疑人、被告人供述和采用暴力、威胁等非法方法收集的证人证言、被害人陈述，应当予以排除。……"也就是说，在讯问犯罪嫌疑人、被告人过程中倘若使用了刑讯逼供等非法方法，收集的证据并非瑕疵证据，而属于应当予以排除的非法证据。关于"等"字的理解尽管《刑事诉讼法》没有具体的解释，但 2013 年 11 月 21 日《最高人民法院关于建立健全防范刑事冤假错案工作机制的意见》第 8 条第 1 款规定："采用刑讯逼供或者冻、饿、晒、烤、疲劳审讯等非法方法收集的被告人供述，应当排除。”这一意见将“等”字扩展为“冻、饿、晒、烤、疲劳审讯等”，而采用这些方法进行讯问获取的言词证据作为非法证据予以排除。对于证人证言、被害人陈述，倘若是通过采用暴力、威胁等非法询问方式获取，属于应当予以排除的非法证据。从客观方面判断，如果违反《刑事诉讼法》有关收集言词证据的禁止性规定，就突破了违法的轻微性。同时，从主观标准方面判断，一旦查明侦查人员使用了刑讯逼供或暴力、威胁等非法方法，可以认定侦查人员在主观上并非出于善意。

辨认的本质是向辨认人（可以是证人、被害人、刑事被告人或者犯罪嫌疑人）提出某一客体，以查明该客体是否正是辨认人在一定情况下看到的，以及是否具有他在以前的陈述中所叙述的特征和特点。[①] 制作笔录是为了及时固定辨认的结果，发现辨认过程中的问题，提高辨认的准确性。在组织辨认时，一些基本原则必须遵守，否则难以保障辨认结论的合法性与可靠性，诸如个别辨认原则、混杂辨认原则以及禁止暗示性、诱导性的辨认。我国《刑事诉讼法》没有规定辨认程序，相关司法解释的规定比较简单，实践中的辨认活动缺乏应有的规范，使得辨认结论的可靠性难以保障。美国学者经统计指出，“1989－2004 年间，美国总共做出 340 个改判无罪裁决，在 64% 的改判无罪裁决中，涉及至少一个目击证人的错误辨认结论。在几乎 90% 的强奸案件中，以及一半左右的杀人案件中，涉及至少一个目击证人的错误辨认结论”。[②] 我国缺乏对辨认结论可靠性的实证研究，但上述美国的数据表明错误的辨认结论导致错误的定罪裁定对我国也有一定的借鉴作用，辨认程序的规范性是确保辨认结论可靠性的根本保证。根据最高法《解

---

① ［俄］k. R. 古岑科：《俄罗斯联邦刑事诉讼法》，黄道秀等译，中国人民公安大学出版社 2007 年版，第 316 页。

② ［美］萨缪尔・格罗斯等：《论美国的无罪裁决》，刘静坤译，载《中国刑事法杂志》2006 年第 6 期。

释》第 90 条之规定，违反个别辨认原则、混杂辨认原则、存在暗示性或诱导性辨认以及其他无法确定辨认笔录真实性的其他情形，该辨认笔录不得作为定案依据，即这些辨认笔录不可以纳入瑕疵证据的范畴，不允许对其采取补救措施，而应当将其排除适用。

《死刑案件证据规定》规定的辨认笔录出现瑕疵的具体情形，①第二项属于违反辨认预先询问规则的情况；第三项、第四项属于违反制作辨认笔录规则的情况；第五项属于是否遵守辨认样本混杂规则的情况。这几项内容过于宽泛，是否都应划归瑕疵的范畴值得进一步商榷。辨认前描述及告知规则要求组织辨认的侦查人员在辨认前要仔细询问辨认人，辨认人应当对犯罪嫌疑人进行详细的描述。侦查人员应当将描述的细节书面记录下来，以便挑选的样本尽量和描述情况相近，保障辨认的客观性。若没有向辨认人详细询问辨认对象的具体特征，可能导致辨认的偏差，最终影响辨认结论的证据效力。辨认过程应当制作辨认笔录，一份完善的辨认笔录，能够全面客观地反映辨认过程。目前我国侦查辨认程序中形成的辨认笔录，无论是格式化的还是书面的，都仅有一两张纸，内容极其简单粗陋，只反映了一个简单的辨认过程和辨认结果。一般来讲，辨认笔录应该包括预先询问或讯问部分②、辨认的具体实施过程、告知被辨认人辨认结果，询（讯）问其有无异议三个部分。在意大利，法律要求在笔录中记入辨认活动的进行方式，否则行为无效。法官

---

① 具体内容参见《死刑案件证据规定》第 30 条第 2 款之规定：即一是有主持辨认的侦查人员少于二人的；二是没有向辨认人详细询问辨认对象的具体特征的；三是对辨认经过和结果没有制作专门的、规范的辨认笔录，或者辨认笔录没有侦查人员、辨认人、见证人的签名或者盖章的；四是辨认记录过于简单，只有结果没有过程的；五是案卷中只有辨认笔录，没有被辨认对象的照片、录像等资料，无法获悉辨认的真实情况的。

② 预先询问和讯问部分，重点是案件事实和被辨认对象在案件事实的行为过程，案发时的现场环境、辨认人与被辨认人之间的关系、是否曾经接触、注意的程度、被辨认对象的容貌、衣着特征等。

可以决定通过照相、录像或者采用其他手段将进行辨认的情况记录下来。[①] 英国《1984年警察与刑事证据法》守则D规定，对于列队辨认、录像辨认、证人当面辨认、出示照片、群体辨认等辨认情况都应当记录于专用表格上。[②] 对辨认经过和结果没有制作专门的、规范的辨认笔录，意味着整个辨认过程缺乏证据固定方式，给辨认行为的合法性审查带来困难。这些瑕疵对辨认结果的影响难以消除，即使重新做一次也难以保障其真实性与客观性。“没有过程”、“无法获悉辨认的真实情况的”，说明辨认结论的可靠性缺乏保障，对此岂能简单地通过补正和解释而维持其证据能力，况且补正的范围、方式和合理解释的“合理性”标准都是捉摸不定的。[③] 因此，《死刑案件证据规定》中的后四种辨认笔录瑕疵不宜纳入瑕疵范畴，因为这些违反辨认规则的行为可能严重影响辨认结论的客观性与可靠性。

2. 程序轻微违法且不会对证据真实性产生不可修复的破坏力

依照法定程序收集证据是确保案件证据能力与证明力的必要保证。刑事诉讼中收集证据的程序性要求，至少应包括如下几个方面：

（1）侦查人员[④]的人数要求

刑事诉讼法和司法解释对侦查人员讯问犯罪嫌疑人、被告人的人数提出明确要求。《刑事诉讼法》第116条明确规定“讯问的时候，侦查人员不得少于二人”。公安部《规定》第197条规定“讯

---

① 李革明、李强：《我国刑事辨认制度的改革完善》，载《人民检察》2010年第6期。

② 参见［英］麦克·麦康维尔：《英国刑事诉讼法》，岳礼玲选编，程味秋等人译校，中国政法大学出版社2001年版，第479~482页。

③ 龙宗智、夏黎阳：《中国刑事证据规则研究》，中国检察出版社2011年版，第382页。

④ 讯问人员必须是具有侦查权的人员，如果违背这一规定则属于实质性程序违法。

问的时候，侦查人员不得少于二人”。侦查人员询问时的规定，目的在于保障讯问过程的安全性以及讯问笔录的客观性。“如果讯问时少于二人，则是属于实质性地违反了刑事诉讼法的明确规定。其取得的证据，即使是真实的，但确实是实质性地违反了证据资格的合法性原则，不具备证据资格。”① 讯问的侦查人员没有达到法定的人数，讯问笔录不能视为瑕疵证据，不能作为定案依据。所以，《死刑案件证据规定》中列举的讯问笔录瑕疵并未将讯问的法定人数不足作为瑕疵证据的范畴。

我国《刑事诉讼法》以及公安部的办案规定均未对询问人员的人数明确作出规定，最高检《规则》第204条规定“询问证人，应当有检察人员进行。询问的时候，检察人员不得少于二人。”侦查人员单独询问取得的证人证言是作为非法证据予以排除还是作为瑕疵证据予以补救，有不同意见。多数人意见认为，只要经证人核对无异，并签名或按指印，其内容得到证人的认可，若能排除非法手段取证的情形，证据客观真实性并未受到损害，就不宜排除，纳入到瑕疵证据的范畴更为合适。

我国《刑事诉讼法》对主持辨认的侦查人员的人数没有具体规定，公安部《规定》第250条规定，“辨认应当在侦查人员的主持下进行。主持辨认的侦查人员不得少于二人。”最高检《规则》第258条规定，“辨认应当在检察人员的主持下进行，主持辨认的检察人员不得少于二人。”倘若主持辨认的侦查人员少于2人，辨认笔录能否作为定案依据？《死刑案件证据规定》第30条第2款第（一）项规定即属于主持辨认人数不足的问题，这一瑕疵在实践中经常出现。为了实现侦查人员资源利用最大化，经常是一个侦查人员完成辨认过程。尚未有研究表明辨认结果的真实性与客观性同主持辨认的侦查人员人数相关，因为根本问题不在于侦查员的人

① 项谷、张震：《刑事证据资格的合法性研究——兼论我国刑事证据规则的完善》，载《政治与法律》2010年第3期。

数，而是基于侦查职责的影响，作为主持人的侦查人员能否超然于案件之外，不会运用职权片面追求破案置程序公平与正义于不顾。实践中，如果侦查人员一人主持辨认，在没有监督的情况下采取暗示等方式达到自己心中的愿望，获取自己希望得到的辨认结果的情况比较多。最高法《解释》没有规定辨认瑕疵问题，但其第 90 条规定，辨认不是在侦查人员主持下进行的，辨认笔录不得作为定案的根据。可见，辨认主持人员是否为具有侦查权的人员对辨认笔录至关重要，而人数不足对辨认结论的真实性影响并不大，所以并不必然导致辨认笔录被排除，而是可以作为一种瑕疵证据，要求侦查人员予以补正或作出合理解释。

（2）权利义务告知要求

违反权利义务告知规定所获取的证据可以作为瑕疵证据范畴。侦查人员在讯问犯罪嫌疑人或被告人时，应当告知其享有的诉讼权利和应履行的诉讼义务。譬如美国的米兰达规则，要求侦查机关在讯问犯罪嫌疑人、被告人时不得强迫其作出不利于己的供述，告知其享有沉默权，还要求告知其享有聘请辩护律师的权利。尽管我国《刑事诉讼法》新增加了被告人享有不被强迫自证其罪的权利，但并没有将此项权利的告知义务作为硬性规定。只要侦查人员在讯问中没有使用暴力、胁迫、刑讯逼供等非法手段，仅仅没有告知犯罪嫌疑人相关的诉讼权利而获取的口供是瑕疵证据，通过查明犯罪嫌疑人、被告人没有被告知相关诉讼权利对其口供的真实性是否有影响来决定该口供能否作为证据使用。根据《死刑案件证据规定》第 21 条第（三）项[①]之规定，首次讯问笔录没有记录告知被讯问人相关权利和法律规定的属于讯问笔录瑕疵，经补正或者作出合理解释可以采用。

关于侦查人员询问证人的告知义务，《刑事诉讼法》第 123 条只规定了告知证人如实提供证据以及作伪证和隐匿证据要负的法律

① 同最高法《解释》第 82 条第（三）项规定。

责任，至于证人的其他诉讼权利是否应当告知并无明确规定。《死刑案件证据规定》第 14 条第（三）项也只规定“询问笔录没有记录告知证人应当如实提供证言和有意作伪证或者隐匿罪证要负法律责任内容的”作为瑕疵证据。实践中，一些案件的询问笔录并未记录履行该告知义务的程序内容，影响询问的合法性。德国实务中对于未告知证人权利而获取的证据并非一律排除，“当刑诉法第 55 条第 2 项所规定之拒绝证言权未被告示时，联邦最高法院认为此应不影响该证言之证据力（即得为证据之使用）”。[①] 从最高法《解释》第 74 条规定可以看出，已经对侦查人员没有告知证人全部权利义务的问题有所关注，其规定对证人证言应当着重审查的内容里，包括首次询问时是否告知证人有关作证的权利义务和法律责任。而且最高法《解释》第 77 条第（三）项“询问笔录没有记录告知证人有关作证的权利义务和法律责任”的规定比《死刑案件证据规定》第 14 条第（三）项规定更加全面和具体。据此我们可以认定侦查人员询问时没有告知证人权利义务或者告知不全面的属于瑕疵，经补正或者作出合理解释可以采用。

（3）讯问、询问的地点要求

《刑事诉讼法》第 116 条和第 117 条规定，对被羁押在看守所的犯罪嫌疑人，侦查人员应当在看守所对其进行讯问；对于没有羁押的犯罪嫌疑人可以传唤其到市县内的指定地点或其住处进行讯问。而根据《刑事诉讼法》第 122 条规定，询问证人可以在现场进行，也可到证人所在单位、住处或证人提出的地点进行，必要时还可以通知证人在侦查机关提供证言。可见，刑事诉讼法关于讯问和询问地点的规定有所不同。为了防止侦查人员以刑讯逼供等非法方法获得犯罪嫌疑人、被告人的口供，讯问的地点应该严格限制，尤其是对被羁押的犯罪嫌疑人、被告人，看守所是讯问的法定地

① ［德］克劳思·罗科信：《刑事诉讼法》，吴丽琪译，法律出版社 2003 年版，第 217 页。

点。为了防止侦查人员通过对证人施加压力迫使其开口说话，防止证人基于恐惧心理迎合办案人员的需要说假话、作伪证的情况出现，一般情况不在侦查机关进行询问，也不得另行指定其他地点。

根据《死刑案件证据规定》第 18 条第 1 款第（一）项[①]之规定，讯问的时间、地点，讯问人的身份、人数以及讯问方式等是否符合法律，是审查被告人供述和辩解时着重审查的内容；《死刑案件证据规定》第 21 条[②]规定的讯问笔录的瑕疵情形没有将“讯问地点有错误或存在矛盾”纳入瑕疵的范畴。2013 年 11 月最高人民法院颁布的《关于建立健全防范刑事冤假错案工作机制的意见》第 8 条第 2 款规定：“除情况紧急必须现场讯问以外，在规定的办案场所外讯问取得的供述，未依法对讯问进行全程录音录像取得的供述，以及不能排除以非法方法取得的供述，应当排除。”可见，除了情况紧急必须在现场进行讯问的，其他突破法定讯问地点的讯问，如果没有依法对讯问过程进行全程录音录像的，也无其他证据证明自白的任意性，该供述就不能作为定案依据，应当依法被排除。讯问地点对于确保自白任意性非常重要，地点错误或不符合规定往往可能是因为讯问中存在刑讯逼供等非法取证的情况，因此，讯问地点违法不能划归瑕疵证据范畴。

《死刑案件证据规定》将询问地点不符合规定纳入瑕疵证据范围。当实践中出现未在法定地点询问证人的情形时，侦查机关通常的解释是基于案件保密的需要，尽量避免让人知道侦查机关在调查哪些人，所以询问地点常常不在法定场所，而是在宾馆或招待所等地进行。为了保证上述解释的合理性，避免证人被迫作伪证的风险，需要对补救的审查进行明确规定，比如规定，证人询问地点不符合法律规定，证人应当出庭，接受辩方的询问，接受法庭的调查，不可只通过侦查人员的书面情况说明了事。同 1996 年《刑事

① 同最高法《解释》第 80 条第 1 款第（一）项规定。

② 同最高法《解释》第 82 条规定。

诉讼法》第97条规定相比，2013年《刑事诉讼法》第122条对询问证人地点的规定更为宽松，增加了现场询问和证人提出的地点询问，目的在于避免对证人造成不必要的心理压力，确保询问环境的适当性，让证人能够自然地、如实的提供证言。既然询问地点已经作出如此宽松的规定，最高法《解释》第77条第（二）项关于询问地点不规范的瑕疵存在的理由不再充足，仍然将其作为瑕疵缺乏正当性与合理性。

（4）讯问、询问的时间要求

关于讯问的时间，《刑事诉讼法》第117条规定，拘传讯问一般不超过12小时，特殊情况不得超过24小时，且不得以连续传唤、拘传的形式变相拘禁犯罪嫌疑人，应当保证犯罪嫌疑人的饮食和必要的休息时间。最高检《规则》第193条和第195条规定，讯问笔录中应当注明犯罪嫌疑人到案经过、到案时间和传唤结束时间，并且两次传唤间隔的时间一般不得少于12小时，不得以连续传唤的方式变相拘禁犯罪嫌疑人。对讯问时间进行限制的目的在于避免以疲劳审讯方式非法获取犯罪嫌疑人、被告人的口供。根据《死刑案件证据规定》第21条第（一）项[①]之规定，讯问笔录填写的讯问时间有误或存在矛盾属于瑕疵讯问笔录，经过补正或合理解释可以适用。如果因为疏忽导致笔录填写有误，当然允许进行补救；但是如果时间存在矛盾的背后是超时羁押和疲劳审讯，而将其纳入瑕疵证据范围，再由侦查机关的情况说明进行“合理”解释，这种做法突破了《刑事诉讼法》第117条之规定，证据的合法性难以保障。所以，填写错误可以作为瑕疵，但时间存在矛盾不宜作为瑕疵。

关于询问证人、被害人的时间，刑事诉讼法和司法解释都未作相应规定。之所以如此，是因为证人、被害人的身份不同于犯罪嫌疑人，其人身自由不能加以限制，不应规定证人、被害人配合取证

① 同最高院《解释》第82条第（一）项规定。

时间的长度。根据程序法定原则，司法机关在刑事诉讼活动中必须严格遵守诉讼程序规定，凡是法律没有授权、没有规定的，都是司法机关不能做的。所以，既然刑事诉讼法没有作出规定，司法机关就不能确定对证人、被害人进行取证的时间长度，不能通过询问的司法活动来限制证人或被害人的人身自由。[①] 然而，因为没有关于询问时间限制的规定，在法律无明文规定不为过的思想支配下，实践中常常出现侵害证人人身权的情况。询问时间长短由侦查人员决定，侦查人员长时间地询问，不达到目的不让证人回家。证人长时间得不到休息，精神受到折磨，可能导致变相拘禁，甚至引证、诱证、逼证。[②] 把证人与外界隔离进行长时间反复询问对证人身体、精神造成极大压力，证人有可能为解脱干系不顾事实、不顾法律达到侦查人员满意而提供假证。譬如，在河北保定王朝案件中，其中一位能够证明被告人不在案发现场的证人邢世平给被告律师和侦查人员提供了两份截然相反的证言，问其原因时，他说道："侦查人员来采集证据，讯问了3个人，这3个人的说法必须是一致的才可以，否则你能走么？你敢走么？你不敢走的，你跟你的领导交代不了。"邢世平表示，他对这两份口供"认账，哪怕它有出入，前后有矛盾，这没办法，这已经是事实了"。[③] 而公安机关询问证人邢世平的笔录上记载的取证时间为2007年9月3日2时到2007年9月3日3时，即凌晨2点到凌晨3点。《死刑案件证据规定》第14条[④]关于证人证言收集程序、方式的瑕疵包括询问笔录没有填写询问的起止时间。询问的起止时间没有填写有可能是疏忽，也有可能

① 参见刘仕杰：《浅析刑事诉讼中询问证人（被害人）的时间》，载法律图书馆网，http://www.law-lib.com/lw/lw_view.asp? no=10764。

② 参见张林：《刑诉法应规定询问证人时间》，载《法制日报》2006年9月17日。

③ 这一录音见2011年5月9日《今日说法》。

④ 同最高法《解释》第77条规定。

是侦查人员连续讯问，时间过长故意不填写。对于侦查机关的补正和解释，法官审查时必须考虑到这种可能性，审查补正与解释能否排除疑问，达到采用的标准。

（5）相关笔录的制作、签字确认

言词证据的收集都是通过笔录加以固定，笔录的制作是否规范、签字盖章等形式是否完备，对于审查笔录的真实性与可靠性至关重要。《死刑案件证据规定》第20条①规定，讯问笔录没有经过被告人核对确认不得作为定案根据；第21条②规定，讯问笔录瑕疵包括笔录填写的讯问人、记录人有误或存在矛盾；讯问人没有签名。依据上述规定，犯罪嫌疑人、被告人没有对讯问笔录进行核对确认，是不能补救的瑕疵，因为未经核对确认的笔录难以保证其真实性。讯问笔录的制作、记录不符合法律有关规定的情形，由于不影响证据的真实性，一般作为瑕疵处理。但是关于讯问人没有签名的问题应当引起关注。司法实践中，如果笔录上缺少讯问人的签名，可能是办案人员的疏忽遗漏了签名；也可能是办案人员实际讯问时少于二人；一般情况下很少有侦查人员拒绝签名的情形，但也不排除侦查人员办案存在违规现象，怕签字承担责任。为了判断瑕疵的形成是侦查人员的疏漏还是明显背离刑事诉讼法禁止性规定，瑕疵补救的审查显得尤其重要。控方如果能够证明没有签名的侦查人员确实参加了讯问，缺少签名属于工作失误，那么这属于证据瑕疵问题；如果不能证明侦查人员参与了讯问，这涉及程序严重违法，可能成为需要排除的非法证据。

《死刑案件证据规定》第14条第（一）项③规定，询问笔录的瑕疵包括“没有填写询问人、记录人、法定代理人姓名……”这些问题反映出询问笔录制作不细致认真影响笔录的形式要件，但未

① 同最高法《解释》第81条规定。

② 同最高法《解释》第82条规定。

③ 同最高法《解释》第77条规定。

实质上损害当事人的基本权利，也未影响陈述的真实性，如果一概排除不利于案件事实的准确认定，宜作为瑕疵证据补救后适用。

最高法《解释》未对辨认笔录的瑕疵予以规定，根据《死刑案件证据规定》第30条第2款第（三）项之规定，辨认笔录瑕疵包括“……没有侦查人员、辨认人、见证人的签名或者盖章的；”上述瑕疵需要视具体情况进行分析，若是属于疏忽遗漏签名可以作为瑕疵要求补正或作出解释；若是根本没有组织辨认而缺乏相应的签名，不属于瑕疵证据。司法实践中，确实曾出现侦查机关没有组织辨认竟然有辨认笔录存在于案卷，并作为指控犯罪根据的怪现象。[①] 对上述现象仅凭一般的补正或书面解释很难防范风险，若非检察人员对辨认笔录中记载的“辨认人”进行事后调查核实，还无法知悉伪造辨认笔录的情况。因此，法官审查辨认瑕疵补救是否达到标准时，需要辨认人、侦查人员、见证人出庭作证，为法官的准确认证提供条件。

3. 违反言词证据取证规则的瑕疵应当具有一定合理性

在对上述两方面要件作出判断的前提下，还应考查出现的瑕疵是否合理。这需要从一般谨慎下履行职务还不能避免瑕疵产生和瑕疵的数量两个层次予以分析判断。

我们在微博上看到一份某县公安局提交给县检察院的补充收集证据情况的复函，从复函中可见，公安机关对于检察院提出补充侦查的要求做出了回复，多次使用“是我办案民警疏忽、遗忘、笔误造成”这句话对提审证中和笔录中存在的问题予以解释说明。提审证中没有填写开始和结束时间、提审时间存在修改、提审证监管员多写一行签名都是办案民警疏忽、遗忘或笔误造成；讯问笔录中没有填写开始和结束时间、填写的时间存在修改、笔录时间超出提审证时间、讯问地点写错也都是办案民警和监管人员没有认真核

---

① 张智辉：《刑事非法证据排除规则研究》，北京大学出版社 2006 年版，第 91 页。

对、疏忽造成。这让人不得不问一句："办案民警何时是认真、不疏忽，不出错误的？监管人员在这些错误出现时是怎样履行监管职责的？这些存在问题的证据的真实性与可靠性能否通过解释予以保障？"瑕疵证据的大量出现，让人们对侦查人员办案时应当持有的谨慎态度表示怀疑。如果法院的有罪判决是建立在类似这样的证据上，如何让人排除合理怀疑，达到确实充分，形成内心确信。

（三）违反实物证据收集规则之瑕疵证据

实物证据多以物品或痕迹等实在物为其存在状态和表现形式，包括物证、书证、视听资料、勘验检查与侦查实验笔录等。收集实物证据的方法包括搜查、扣押、勘验、检查、侦查实验等。

新《刑事诉讼法》将非法实物证据一并纳入补救证据的范畴，依据该法第54条之规定，非法实物证据的排除要符合三个条件：一是收集物证、书证不符合法定程序，导致证据合法性受到争议；二是可能严重影响司法公正；[①] 三是不能补正或作出合理解释。换言之，对于非法实物证据，法律未采取绝对排除，而允许采取补救措施。《最高人民法院关于建立健全防范刑事冤假错案工作机制的意见》第8条对此也作出重申规定。

违反实物证据取证规则产生的瑕疵证据与非法实物证据的关键区别是违法的轻微性，因为，瑕疵证据属于轻微的程序违法的后果。若违反法定程序获取的实物证据"明显违反法律规定"且"可能严重影响司法公正"，就不能够视为瑕疵证据，否则会导致实践中瑕疵实物证据的泛化，导致规范实物证据收集的证据规则形同虚设，影响案件质量，背离司法公正价值。

---

① 有学者认为，鉴于物证、书证的客观性较强，是定案的重要依据，对其排除要持慎重态度，所以也要考虑被告人罪行的严重性，注意维持国家利益、社会公共利益与人权保障之间的适度平衡。（参见戴长林：《非法证据排除规则司法适用疑难问题研究》，载《人民司法（应用）》2013年第9期。）

根据《死刑案件证据规定》第6条[①]、第8条[②]有关审查物证、书证的规定可知，实物证据的收集应当遵循原始证据优先原则[③]、关联性原则[④]；采取勘验、检查、搜查提取、扣押等方式收集实物证据时，应当制作规范的笔录，详细记录实物证据提取的全部内容。《死刑案件证据规定》第9条[⑤]对物证、书证收集程序、方式存在的瑕疵作出规定。归纳起来，违反实物证据收集规则的瑕疵证据主要有两类，一类是在收集调取物证、书证过程中，相关笔录制作不规范；二类是物证、书证的复制品、副本或复制件未注明来源，未说明制作过程等。

1. 收集调取实物证据过程中的相关笔录不规范

根据最高法院司法解释和相关证据规定，相关笔录[⑥]制作不规范归纳起来有两种情况：一是笔录存在记录上的错误或不明确、不详细，影响了笔录的完整性，主要包括诸如勘验、检查、侦查实验等笔录的日期和起止时间记载错误；笔录中记载的实物证据的特征、数量、质量、名称等事项不明确，不详细等情况。对于上述笔录是否可以作为瑕疵证据，需要考查对上述错误或不明确能否作出合理解释或说明。二是笔录缺少有关人员的签名或盖章，主要是相关笔录中缺少侦查人员、见证人、物品持有人的签名。没有相关人员签名的情形，需要区分是疏忽遗漏签名还是没有相关人员参与而欠缺签名。尤其要审查是否存在非法定主体实施侦查活动及制作笔

---

① 同最高法《解释》第69条规定。

② 同最高法《解释》第70条、第71条规定。

③ 收集实物证据时，应当优先收集原物或原件，只有在收集原物原件确有困难时，才可以提交复制品、照片、副本、节录本。该原则在书证收集中也被称为最佳证据原则。

④ 收集的物证、书证、视听资料等实物证据应当与案件事实有关联。

⑤ 同最高法《解释》第73条规定。

⑥ 相关笔录，主要是指勘验、检查笔录，侦查实验笔录、搜查笔录，提取笔录，扣押清单等。

录或侦查人员并未实际参与勘验、检查、侦查实验等活动的情况，这些证据属于严重影响司法公正而应当予以排除的范围。

实施勘验、检查、搜查等侦查措施不仅是为了查清案件事实，也是为了保全证据。法律明文规定勘验、检查、搜查等笔录必须有见证人签字，既是对侦查中发现的事实情况的证明也是对侦查行为合法性的监督。尽管我国《刑事诉讼法》规定勘验、检查、搜查、扣押时需要见证人在场，[①] 但并没有明确见证人在场的必须性，对见证人的最低人数、见证资格更无具体规定，见证人的签名并非法律强制性规定，所以缺乏见证人签名的笔录被作为瑕疵证据要求补救。若缺少签名确系疏漏，相关人员忘记签名，这一瑕疵笔录没有严重侵犯被告人的基本权利，对案件真实情况能够起到一定的证明作用，补正是可行的。通过转化使其具备证据能力，可有效避免放纵犯罪。如果辩方有异议，可要求相关人员出庭作证。倘若在物证、书证的调取或固定过程中，根本没有见证人的参与，该如何处理？由于我国法律有关见证人制度的规定不完善，实践中经常出现笔录上有见证人签名而实际缺乏见证人参与的情形。从严格意义上讲，这类笔录的真实性值得怀疑。由于法律对无见证人签名的勘验、检查等笔录没有分情形进行规定，导致《死刑案件证据规定》将所有无见证人签名的笔录均作为瑕疵证据。所以，法律应当完善我国见证人制度，这一方面俄罗斯联邦刑事诉讼法的相关内容值得借鉴。《俄罗斯联邦刑事诉讼法典》第 170 条第 1 款规定，“见证人必须参加侦查行为”，该条第 3 款规定，“在难以到达的地区，如果没有适当的交通工具，以及在侦查行为的实施可能对人的生命

---

① 《刑事诉讼法》第 131 条规定：“勘验、检查的情况应当写成笔录，由参加勘验、检查的人和见证人签名或者盖章。”第 140 条规定：“对查封、扣押的财物、文件，应当会同在场见证人和被查封、扣押财物、文件持有人查点清楚，当场开列清单一式二份，由侦查人员、见证人和持有人签名或者盖章，一份交给持有人，另一份附卷备查。”

或健康构成危险的情况下，必须有见证人参加的侦查行为可以在没有见证人参加的情况下实施。”[①] 换言之，见证人原则上必须参加勘验、检查等侦查行为，但允许存在例外情况。对于无见证人参加的侦查行为，笔录中应当记载，并且使用技术手段记录侦查行为的过程。若该过程不可能采用技术手段记录，则侦查员应在笔录中做相应记载。《俄罗斯联邦刑事诉讼法典》第 83 条规定，只有符合法律规定制作的勘验、检查笔录才能作为证据使用，因此，在勘验、检查过程中，违反法律有关邀请见证人参加制作的笔录，不得作为证据使用。[②] 可见，侦查行为无见证人的情况也是有可能的，但需要立法对例外作出明确规定，同时规定相应的补救措施，并明确不符合法定情形无见证人的勘验检查笔录不得作为证据使用。我国《死刑案件证据规定》对缺乏见证人的笔录仅要求通过说明或解释进行补救，导致刑事诉讼立法规范侦查机关的取证行为，提高侦查机关技术侦查能力的目的落空，见证人制度难以发挥其功用，进而增加法官审查证据和认定事实的难度，不利于做出公正的刑事判决。

2. 实物证据来源未注明，制作过程不明确

物证、书证的复制品、副本、复印件的来源与收集过程关乎该证据的可靠性，若副本、复制品、复印件未注明与原件核对无异；无复制时间、无被收集人、调取人或单位的签名盖章；无关于制作过程和原物、原件存放的说明，以及说明中缺乏签名的，都是实践中物证、书证收集时存在的问题。最高法《解释》和《死刑案件证据规定》将存在上述问题收集的物证、书证规定为瑕疵证据，认为上述情况并非影响证据可靠性的实质性问题，在原物、原件仍

---

① ［俄］k. R. 古岑科：《俄罗斯联邦刑事诉讼法》，黄道秀等译，中国人民公安大学出版社 2007 年版，第 307 页。

② 参见［俄］k. R. 古岑科：《俄罗斯联邦刑事诉讼法》，黄道秀等译，中国人民公安大学出版社 2007 年版，第 307~308 页。

然存在的情况下，可以补充说明原物、原件的存放地点；原物、原件存放何处的说明没有签名的，也可以进行补正，采取相应补救措施后瑕疵证据仍然可以使用。但若原物、原件不复存在就需要慎重。

值得注意的是，《死刑案件证据规定》第 9 条第 3 款规定："对物证、书证的来源及收集过程有疑问，不能作出合理解释的，该物证、书证不能作为定案的根据。"这说明立法者虽然一定程度上容许侦查机关的不规范取证行为，但也有底线。当物证、书证的来源和收集过程的疑问通过补正或解释不能排除时，法官有权决定不予采信。

二、刑事瑕疵证据的补救方式

瑕疵证据要具备证据资格作为定案依据，必须采取补救措施以消除瑕疵对证据真实性产生的影响。法律明确规定的瑕疵证据补救方式为责令补正或作出合理解释。但立法没有将两者的含义和具体内容明确化、细化，因此有必要结合瑕疵证据的立法意图，对补救方式的具体情况进行研究与分析。

（一）责令补正

"所谓'补正'，是法院在侦查行为存在'程序瑕疵'之后，责令公诉方对'瑕疵证据'做出补充和纠正的行为。对于侦查人员违反法律程序的行为，法院宣告其存在'程序瑕疵'，这属于对非法侦查行为的一种权威谴责。""'责令补正'本身带有程序性制裁的性质"，"对办案人员不仅有明确的义务要求，而且对拒绝补正的行为确立了消极性的法律后果，这种程序补正的命令当然属于对侦查人员的一种惩罚。"[①] 这种惩罚有助于提高侦查机关对瑕疵证据的重视，规范侦查取证行为，减少瑕疵证据的出现。从规范层面探讨，针对不同的瑕疵证据种类，其补正可以有所区别。

---

① 陈瑞华：《论瑕疵证据补正规则》，载《法学家》2012 年第 2 期。

第一，对瑕疵言词证据的补正。有学者提出对瑕疵言词证据的补正可以区分不同情形：（1）如果瑕疵的言词证据存在较大的错误情形，诸如讯问、询问笔录的瑕疵已经影响到该类证据的真实性，就应当重新讯问或询问。（2）若针对笔录中出现的一些手续性的程序瑕疵，诸如没有填写讯问人、询问人、记录人等，就无重新讯问或询问的必要，可由办案人员进行解释和说明。① 该观点将瑕疵言词证据的补正主要局限为重新讯问或询问，并且将作出合理解释与说明视为补正的一种。而事实上，对瑕疵言词证据的补正方式不止如此，譬如《死刑案件证据规定》第14条第（三）项和第21条第（三）项②规定的首次询问（讯问）笔录没有记录告知证人（被讯问人）诉讼权利内容的瑕疵情形，可以通过事后追认等方式认可该证据的证据资格，将该笔录作为定案的依据。这比起重新询问或讯问更符合诉讼经济的原则，也能保障瑕疵补正的有效性。

第二，瑕疵实物证据的补正。有学者认为："瑕疵实物证据可能因环境变化而缺乏重新侦查取证的条件，所以办案人员的解释与说明就成为唯一的补正方式。"③ 这种观点反映出瑕疵证据存在"补正不能"的情况，但据此认为瑕疵实物证据只能通过解释与说明进行补救过于绝对。瑕疵实物证据主要是勘验、检查、搜查、提取笔录、扣押清单等形式上存在不规范，诸如没有载明物品的特征、数量、质量、名称，遗漏签名等，可以要求侦查人员补充侦查或调查后，通过补充记载、补签姓名的方式得到补充和纠正。

综上，无论是瑕疵言词证据，还是瑕疵实物证据，其补正方式

---

① 刘广三、马云雪：《瑕疵证据补正之探析》，载《中国刑事法杂志》，2013年第3期。

② 同最高法《解释》第77条第（三）项和82条第（三）项规定。

③ 刘广三、马云雪：《瑕疵证据补正之探析》，载《中国刑事法杂志》2013年第3期。

可以归纳为以下三种。

一是对有瑕疵的证据笔录进行必要补充。在侦查过程中，侦查人员由于疏忽大意或者对程序规定的漠视，导致没有完整地记载侦查过程，笔录存在形式上不规范的情形，可以通过补充记载、补签姓名的方式得到补充和纠正。但对于签名的缺失与错误要区分是疏忽遗漏导致的漏签、错签还是根本没有相关人员的参与而欠缺签名，前者可以补签，而后者则不能，尤其是欠缺见证人签名的情形。我国物证、书证调取过程中的见证人制度还不完善，致使见证人参与制度作为取证行为的外部监督功能无法发挥，因此，完善见证人制度并将其落到实处显得必要而迫切。应当在刑事诉讼法中规定见证人参与勘验、检查、搜查、扣押、辨认的必须性，同时对见证人的数量、见证资格做出具体规定，同时还要明确无见证人签名的笔录无证据资格，一旦控辩双方对笔录有异议，可调取笔录制作的同步录音录像或者通知见证人出庭作证。[①]《死刑案件证据规定》第 30 条第 2 款规定的瑕疵辨认笔录，诸如辨认记录过于简单，只有结果没有过程的，案卷中只有辨认笔录，没有被辨认对象的照片、录像等资料，这些瑕疵可以要求侦查人员补充辨认过程的内容，补充被辨认的对象的照片、录像等资料进行补正。

二是征得当事人同意后直接适用瑕疵证据。这种补正方式涉及被告人是否享有程序处分权的问题，日本学者将“被告人对证据表示同意后形成的文书或陈述”理解为“赋予证据能力的行为”，即被告人如果对不利于自己（内容上和程序上）的证据表示同意，那么就可以将该证据在法庭出示。[②] 对于我国《死刑案件证据规

① 邓陕峡：《我国刑事笔录类证据制度探析》，载《证据科学》2013 年第 1 期。

② 参见［日］田口守一：《刑事诉讼的目的（增补版）》，张凌等译，中国政法大学出版社 2001 年版，第 225 页。

定》第14条第（三）项和第21条第（三）项[①]规定的，首次询问（讯问）笔录没有记录告知证人（被讯问人）诉讼权利内容的瑕疵情形，可以采用这种方式补正。因为这类证据瑕疵并没有对证人如实作证和被告人自愿供述形成实质上的影响，造成当事人权利的受损程度较轻，如果当事人对自身权利的受损状态并不介意，可以通过事后追认等方式认可该证据的证据资格，将该笔录作为定案的依据。

三是重新制作证据。某些证据因缺失形式要件而产生瑕疵的，侦查机关可重新制作该证据。例如，讯问犯罪嫌疑人或证人没有告知权利，事后嫌疑人或证人也不同意追认，可以通过重新讯问嫌疑人（证人）并制作讯（询）问笔录，原来所欠缺的告知嫌疑人（证人）诉讼权利的程序环节得到修补，制作规范的讯（询）问笔录。又如《死刑案件证据规定》第30条第2款第（三）项规定："对辨认经过和结果没有制作专门的、规范的辨认笔录……"情况就需要重新制作专门的、规范的辨认笔录，当然，前提是侦查机关依法组织过辨认，重新制作的辨认笔录必须能如实反映当时的辨认过程。

（二）作出合理解释

当存在客观原因无法通过上述方式补正时，可以由控方对瑕疵证据情况作出解释。合理解释作为补救瑕疵证据的合法方式之一，主要运用于无法直接补正的瑕疵证据情形，其目的是侦查机关通过对证据产生瑕疵的原因进行阐释，排除其为非法取得或不真实的可能。这种补救方式类似于国外的"稀释例外"，"污点的消散"，试图标示出这样一个点，在这个点上，非法警察行为的危害结果变得如此稀薄，以至于排除规则的威慑效果已经不再能证明其成本的合

---

① 同最高法《解释》第77条第（三）项和82条第（三）项规定。

理性。[①] 也就是说，非法搜查或扣押与所获得的证据称为污点证据，如果在非法行为与污点证据之间介入一定的因素使二者之间的联系得以减弱，污点便被稀释，该证据最终可以被采纳适用。

解释或说明一般是侦查人员单方面作出的，在我国司法实践中通常以“情况说明”的方式对瑕疵证据进行解释，显得过于简单。侦查人员对于一些证据不知或者不愿按照法定证据形式的基本要求收集固定证据的，均以寥寥数语的情况说明代替法定证据。[②] 实践中之所以会出现“情况说明”，主要是因为一些侦查人员证据意识差，或者缺乏艰苦取证精神，没有全面、及时、合法地按照法律规定的基本要求收集和固定证据以防止证据湮灭，而事后因时过境迁又不能甚至不愿进行艰苦细致地补充侦查，仅以“情况说明”应对。可是，这些“情况说明”的存在，只不过从表面上看使得案件的每一个细枝末节问题都得到了说明，整个案件的证据体系显得更加“丰满”而清晰明了地勾勒出整个案件的完整概貌，但实际上起不到任何的证明作用。[③]“情况说明”的滥用，在一定程度已经对刑事司法活动产生严重的危害后果，即使是正常使用的“情况说明”，由于其证据形式本身的瑕疵，内容记录难以客观科学完整，不能适用相关证据规则，导致对其证据能力与证明力的判断困难。[④] 加之，现有的庭审体制下证人不出庭，不进行交叉询问与质证，对解释的合理性判断就更加困难。

为了保障解释与说明的合理性，需要法官运用经验法则进行判

---

① ［美］约翰·W. 斯特龙主编：《麦考密克论证据》（第五版），汤维建等译，中国政法大学出版社 2004 年版，第 347 页。

② 黄维智：《刑事案件中情况说明的适当定位》，载《法学》2007 年第 7 期。

③ 张少林：《刑事案件中的情况说明之我见——与黄维智博士商榷》，载《贵州警官职业学院学报》2008 年第 5 期。

④ 张少林：《刑事案件中的情况说明之我见——与黄维智博士商榷》，载《贵州警官职业学院学报》2008 年第 5 期。

断。实践中，应当从四个方面注重审查：一是解释或说明的根据是否真实可靠，是否有一定的事实根据，不能凭空捏造；二是解释或说明的理由是否可信，是否充分并令人满意；三是该解释或说明与案内的其他证据是否能够相互印证；四是解释说明应当通过举证、质证来解决。[①] 对于解释合理性的审查应当发挥辩方的作用，辩方对侦查人员单方面作出解释的合理性有权提出意见。一旦辩方对此提出异议，控方应当对解释的合理性以及解释达到排除合理怀疑的程度承担证明责任。此外，还应当对“情况说明”的制作进行规范，以增强其可信性。

（三）对补救措施的合理限定

对瑕疵证据的补救应当有一定限度，防止瑕疵补救的泛化。比如侦查人员对同一询问人员在同一时间内询问不同证人的记载；询问证人的地点不符合有关规定；讯问笔录填写的讯问时间、讯问人有误或者存在矛盾等，这些瑕疵不能通过补签姓名、修改时间、地点的方式补正，否则有弄虚作假之嫌，必须通过解释与说明来消除对该证据真实性的怀疑。而且还应当安排相关人员，如侦查人员、见证人、证人出庭作证，就瑕疵产生的原因解释接受控辩双方的质证，否则该证据不予采纳。“假如在法院提出补正的要求后，控方拒绝进行任何形式的补正，也不给出合理的解释和说明，或者作出的解释无法消除人们对证据真实性的怀疑，那么，这就足以说明伪造证言笔录的可能性并没有得到排除。对于这种可能存在伪造证据情况的瑕疵证据，法院唯有采取排除措施，才能避免错误采纳证据、错误认定事实的危险。”[②]

我们调研的情况显示，法庭审理阶段，法院要求控方补救瑕疵

---

① 参见龙宗智、夏黎阳：《中国刑事证据规则研究》，中国检察出版社2011年版，第360页。

② 陈瑞华：《论瑕疵证据补正规则》，载《法学家》2012年第2期。

证据的比率非常低，平均下来仅占瑕疵案件总数的7.5%，[①]并且补救方式较为单一。法院要求控方补正的瑕疵证据，除少数瑕疵通过重新制作方式补正外，绝大多数是通过"情况说明"对存在证据瑕疵进行解释；并且93.2%的经补正或解释的瑕疵证据最终都被法官采纳作为定案的依据，"补正不能"予以排除的情形非常少。此外，某些瑕疵对证据产生的影响难以通过修复或重新制作来消除，重新制作的意义和价值难以实现。即便能够重新制作，重新制作是否需要更换侦查人员？不更换侦查人员重新制作难以达到其应有的效果，但更换侦查人员又与我国司法实践中侦查力量不足、人手不够的现状存在矛盾和冲突。对补救措施的合理限定，必须保障侦查人员补正的诚信度，否则将带来新的侦查道德危机，对于本来不规范的侦查取证无疑雪上加霜。

因此，补正和合理解释或说明不能仅仅以书面证言的方式来解决，还应当针对各种证据种类详细规定补救方式，防止其随意性。比如应当规定：对于笔录中记载的事项存在瑕疵，尤其是辩方提出异议，争议比较大的瑕疵，由相应的侦查人员、见证人、证人出庭作证；对于勘验笔录没有见证人的情况，可以借鉴《俄罗斯联邦刑事诉讼法典》的相关规定，以见证人参与为原则，同时规定无见证人的例外情况，并辅以现场录音、录像方式来补正；对于辨认笔录存在瑕疵，可以要求提供辨认的录音录像予以补正或者辨认人、主持辨认的侦查人员出庭作证，作出相应的解释或说明。唯有如此，才能减少法院对瑕疵证据审查的现实障碍，保障瑕疵证据的

---

① 本课题以我国广东省D市某基层法院、四川省C市某基层法院、甘肃省J市某基层法院为对象，对两个"证据规定"实施后的二年内，有关瑕疵证据规定运行的动态效果进行了调研。根据案件审结的时间，笔者从2010年7月至2012年7月"三区法院"审结的刑事案件中，随机抽取了720份案卷（包括侦查卷与审判卷），发现存在瑕疵证据的案件为510件，而法院要求控方补救的案件仅为38件。

审查不流于形式。

三、刑事瑕疵证据补救的责任主体

《死刑案件证据规定》将瑕疵证据的补救责任赋予“有关办案人员”。法律没有明确规定有关办案人员具体包括哪些人员。我们认为，在不同的诉讼阶段审查与补救瑕疵证据的主体有所不同，主体职责权限的不同决定其在瑕疵证据补救方面的任务也存在差异。

在审查起诉阶段，检察机关作为公诉机关，为保证起诉的公正与诉讼效率，主要承担对瑕疵证据的审查、发现，由侦查机关着力对瑕疵证据实施补救。检察机关审查批准逮捕与审查起诉过程中所审查的证据大都是侦查机关已经固定的证据，对侦查阶段瑕疵证据的发现与补救主要是通过审查侦查卷宗实现，大都属于事后静态文本审查。公安机关的大量侦查行为都是在内部封闭系统完成，缺乏外力监督，检察机关对侦查机关的取证行为缺少评判依据。对于因侦查机关搜集不及时导致时过境迁无法取证产生的瑕疵以及搜集不仔细导致关键证据存在瑕疵而又无法补正的情况，检察机关只能按照不起诉来处理。因此，对瑕疵证据补救进行有效审查有赖于检察机关监督的到位。

在审判阶段，法院应在维护司法公正的基础上注重对瑕疵证据补救的价值审查，其重点在于审查决定是采纳还是排除瑕疵证据。而检察机关应当对瑕疵证据的补救负有责任。“在刑事案件进入法庭审判程序之后，法院很难直接责令侦查人员进行程序补救。这主要是因为，侦查人员极少出庭作证，也极少在法庭上支持公诉人的指控活动，当然就没有机会听从法院的命令。不仅如此，法院对侦查人员没有直接的领导和指挥权力。无论负责案件侦查的是检察机关还是公安机关，侦查人员一般不会直接听从法院的命令。真正可行的做法是，法院直接责令公诉方对相关瑕疵证据进行必要的程序补正。”①

检察机关在审查起诉阶段可以自行确定瑕疵证据并对瑕疵予以补救，但在审判阶段，检察机关虽有权对瑕疵证据予以补救，但必须向法院提出瑕疵证据的补救申请，是否补救应由法院决定。设此补救规则目的有二：一是保障辩方的知情权。若检察机关可自行对瑕疵证据予以补救，则辩方就会失去一次了解相关证据的机会，有违控辩平等原则。如在王朝案件中，保定市北市区检察院表示，在该案发回重审后发现原案部分证据存在瑕疵，导致原判认定的部分事实不清。在《接受刑事案件登记表》中侦查人员填写的报警时间、报案人、报案电话不准确，与事实不符；《现场勘查笔录》制作不规范存在瑕疵，侦查人员和见证人在现场勘查笔录上没有亲笔签字；《扣押物品清单》对扣押物品红酒的描述不准确，清单上只有一名侦查人员和见证人的签字，缺少另一名侦查人员的签字等。② 检察机关针对上述瑕疵证据进行数次补救都是在没有通知辩方的情况下进行的。辩方只能在原有证据体系下进行辩护，导致辩方无法根据实时变化后的证据调整辩护方案，使其处于极为不利的地位。二是尊重法院裁判权的表现。在审判阶段，包括程序与实体在内的任何争议都应由法院作出最终裁断。有关证据是否属于瑕疵证据，应否予以补救，都应由法院作出最后决定。特别是在证据属于瑕疵证据还是非法证据难以确定的情况下，由法院作出最后裁定更为合适。

检察机关与法院在刑事诉讼中承担着不同的诉讼职能。检察机关作为公诉机关，更注重打击犯罪的诉讼效率，而法院作为中立的化身，则以维护司法公正为天职。两大司法主体的不同职能决定其在刑事瑕疵证据补救法律适用中所承担的任务亦有较大差异。检察

① 陈瑞华：《论瑕疵证据补正规则》，载《法学家》2012 年第 2 期。

② 黄芳、丁立辛：《王朝抢劫案公诉机关：原审证据程序均有瑕疵》，载新浪新闻，http://news.sina.com.cn/c/2011-09-09/101323131870.shtml。

机关在审查起诉阶段应不断加强其发现瑕疵证据的能力，并责令侦查机关予以补救而非排除为主要职责。法院在审判阶段则以审判公正为中心，在承担着审查证据是否属于瑕疵证据并决定是否予以补救重任的同时还要维护辩方对瑕疵证据补救的知情权，以真正实现控辩平等原则。

四、刑事瑕疵证据补救与审查程序

法律对瑕疵证据的种类作出详细规定，但未涉及对其补救与审查的具体操作程序。对瑕疵证据补救的实践操作问题，有必要作出明确规定。“瑕疵证据的补正与合理解释应有严谨、可行的操作规程，否则对瑕疵证据的补正与合理解释就会有很大的随意性，导致公众产生类似的质疑，减损刑事诉讼的公正性。”① 可以借鉴我国非法证据排除程序的相关规定，从瑕疵证据补救与审查的实际出发，设置瑕疵证据的补救与审查程序。

（一）瑕疵证据补救程序的启动

瑕疵证据补救程序的启动与瑕疵证据的发现机制密切相关，瑕疵证据的发现由两个阶段：一是由检察院在审查起诉阶段主动发现。根据《刑事诉讼法》第 167 条和最高检《规则》第 363 条的规定，检察机关在审查起诉时，应对侦查机关移送的案件证据是否确实、充分，是否依法收集，有无应当排除非法证据的情形，侦查的各种法律手续和诉讼文书是否完备、侦查活动是否合法等进行审查。可见，在此阶段对瑕疵证据的发现途径以检察机关的主动审查发现为主，检察机关自然就成为瑕疵证据补救程序的启动主体之一。为了充分调动当事人、辩护人或诉讼代理人参与诉讼的积极性，可以鼓励当事人、辩护人或诉讼代理人作为瑕疵证据补救程序的启动主体，就有关证据存在瑕疵的情况向检察机关提出意见。但

① 纵博：《刑事诉讼中瑕疵证据补正的若干操作问题研究》，载《现代法学》2012 年第 2 期。

实际上，在审查起诉阶段当事人、辩护人和诉讼代理人对证据材料的了解与审查有限，难以在这个阶段成为真正的启动主体。二是在审判阶段，由法院和辩护人、诉讼代理人主动发现证据中的瑕疵。《刑事诉讼法》第172条规定："人民检察院认为犯罪嫌疑人的犯罪事实已经查清，证据确实、充分，依法应当追究刑事责任的，应当作出起诉决定，按照审判管辖的规定，向人民法院提起公诉，并将案卷材料、证据移送人民法院。"这一规定改变了人民检察院起诉案卷移送方式，检察机关向法院起诉时必须把所有将在法庭上出示的证据材料移送法院。这种方式既有利于保障律师阅卷权，为辩护人申请启动瑕疵证据补救创造条件，又有利于法院阅卷，对是否存在瑕疵进行初步审查，为法院主动启动瑕疵证据补救程序奠定基础。

通过上述分析可知，瑕疵证据的启动方式分为依职权主动启动和申请启动两种。前者是检察机关、法院分别在审查起诉阶段和审判阶段依据职权发现证据存在瑕疵，认为需要补救即开启该程序。后者是当事人及其辩护人、诉讼代理人在阅卷之后，发现证据存在瑕疵，有权向检察院、法院申请启动该程序。

（二）瑕疵证据补救的审查程序

1. 检察机关：瑕疵证据审查的第一道防线

检察机关作为法律监督机关，承担提起诉讼和诉讼监督两大职责，审查侦查行为的合法性与证明公诉案件中证据合法性均应由检察机关负责。检察机关对瑕疵证据的审查集中在审查批捕和审查起诉两个阶段，但应以审查起诉阶段为主。因为一则检察机关审查批捕的时间太短，很难在法定的7日内对所有证据的合法性进行全面审查；二则审查起诉在侦查终结之后，所有侦查取证行为均已完成，此时的审查范围更为全面，有助于准确地了解证据来源的真实情况。检察机关在案件审查起诉阶段对所有证据进行充分的审核，如果发现存在瑕疵证据，及时要求侦查机关尽快补正或作出合理解释与说明，避免贻误时机造成补正不能。在审查起诉阶段，如果辩护人或法定代理人认为证据存在瑕疵，可以向检察机关提出异议，检察机关审查后认为确实存在瑕疵，要求侦查机关对该证据进行补救。若检察机关认为补救后的瑕疵证据违法性被削弱或消除，具备证据资格，则可以将该证据作为提起诉讼的依据，并将补救情况在起诉材料中注明；若检察机关认为补救后的瑕疵证据未达到要求，则该证据不能作为提起诉讼的证据使用。

我们认为，检察机关对侦查取证行为监督的事后监督直接限制了检察机关对瑕疵证据的补救作用。未来立法有必要加强检察机关对侦查行为的同步监督，及时了解掌握侦查机关取证行为，及时发现瑕疵证据并实施补救行为。增强检察机关发现瑕疵证据的能力意义重大：第一，某些瑕疵证据属于案件中的关键证据，如因发现不及时而不能补救将导致撤案或不起诉，不利于实现案件的实体公正；第二，检察机关是瑕疵证据发现与补救的首位主体，由检察机关发现和补救瑕疵证据能够提高诉讼效率。

2. 法院：瑕疵证据审查的最终防线

法院作为证据和事实认定的最终确认者，相对于检察机关的审查而言，其对瑕疵证据的审查是最后防线。

法院对瑕疵证据的审查程序启动可以有三种情况，一是法院发现证据存在瑕疵，责令控方对此进行补救；二是检察机关发现证据有瑕疵，可以申请人民法院启动补救程序；三是被告人及其辩护人发现证据有瑕疵的，可以申请人民法院启动补正程序。瑕疵证据补救的审查应当设置在哪个期间，法律没有规定。新《刑事诉讼法》首次规定了庭前会议，最高法《解释》第 184 条也规定，审判人员可以询问控辩双方对证据材料有无异议。该条尽管没有明确涉及瑕疵证据问题，但提出证据存在瑕疵也应包含在对证据材料有无异议的范畴。我们认为，可以在庭前会议进行瑕疵证据的审查与补救活动。这符合庭前会议的功能设置与事项处置范畴，若证据瑕疵审查与补救能够在开庭审理前进行，控辩双方就瑕疵证据的补救是否达到要求进行辩论，法院在此基础上根据经验法则和逻辑规则来决定该项证据的资格问题，可避免因在庭审上启动瑕疵证据补救与审查而造成庭审中断，有利于提高庭审效率。需要注意的是，庭前会议中进行瑕疵证据审查与补救只解决证据资格问题，该证据的证明力问题还应当在庭审中举证、质证中进行。如果在庭前会议中未解决瑕疵证据问题，我们认为，在法庭审理时也可提出瑕疵证据问题。法院可以宣布暂时休庭，责令控方进行补救；控方也可以申请延期审理。审理程序中止之后，出庭支持公诉的检察官责令侦查人员（即案件的承办人员）进行补正或者给出合理的解释或说明。侦查人员的补救工作完成之后，控方申请恢复法庭审理程序，由法院对有关瑕疵证据补救的情况进行审查。法院必须审查瑕疵证据的补救措施是否合理，必要时通知有关人员出庭作证，接受控辩双方的质证，以便法官作出正确判断。

（三）对补救后瑕疵证据的处置

1. 对补救后瑕疵证据的处置方式

从学理上分析，通过侦查人员的补救措施，再经过检察机关或法院对瑕疵证据补救的审查之后，瑕疵证据是否具备证据资格无外乎两种情况：一是具备证据资格，作为定案依据。经过审查，法院确认补救符合要求，瑕疵已经治愈，采纳其作为认定案件的依据。二是不具备证据资格，不能作为证据使用。如果法院审查认为补救不符合要求，瑕疵无法补救或者难以治愈，法院最终作出将其排除于法庭之外的决定。

（1）通过补救具备证据资格的情况

检察机关、法院对于补救后的瑕疵证据进行审查，如果认定补救措施使得证据的轻微违法性不再影响到证据的可靠性，诸如询问笔录欠缺的签名被补签上，并得到当事人认可；或询问中未告知当事人诉讼权利与义务的情况得到当事人事后追认；或询问证人不在法定地点，但是有录音录像证明其内容的真实合法等等，这些瑕疵证据因采取了补救措施而成为诉讼法意义上的具备证据资格的证据。但补救后的瑕疵证据并不当然能够作为定案的依据，因为

“补正只是解决了证据能力问题，而不是证明力问题”，法官还应该“进行证据的真实性、证据之间是否一致、是否存在矛盾的审查以及证明力大小的判断，经查证属实才能成为定案根据。”[①] 瑕疵证据经过补救后，如果经审查补救达到标准，其瑕疵已被修复，也仅是具备了证据能力，该证据是否能够作为定案根据还需要对其证明力进行判断。只有证据能力与证明力都具备的证据才能作为定案依据。

（2）补救后不具备证据资格予以排除的情况

经过补救程序后，依然予以排除的瑕疵证据有如下几种情况：

一是侦查人员进行了补正或作出解释与说明，但补救未达到采纳该证据的要求，这属于瑕疵证据补正不能的情况。检察机关、法院根据经验法则和逻辑推理认定补正或解释未能消除违法性对证据真实性的影响，应当排除该证据在诉讼中的使用，不能作为定案依据。

二是侦查人员未能对瑕疵证据予以补正或作出解释说明，这类证据因不具有证据资格，应予以排除。尤其经公诉人提出要求后，侦查人员拒绝进行补正，也没有给出合理解释或说明，法院必须要保留对瑕疵证据排除的权力，才能维持其司法裁判的权威性，否则对所有的补救证据均予以采用，对违法取证行为的威慑力大大削弱，瑕疵证据规则的作用则失去效用。

三是瑕疵证据经补救程序后，其违法程度被进一步查明，最终认定该证据为非法证据或者伪造证据，被排除适用。有些证据表面上看起来只是轻微的瑕疵，但是在补救过程中，经过深入探究，发现其严重的违法性。例如在补正讯问笔录欠缺的签名时，发现确实是由一名侦查人员讯问并进行了刑讯逼供。这类通过补救程序发现看似瑕疵实则存在伪造或严重违法的证据，除了直接予以排除外，

---

① 纵博：《刑事诉讼中瑕疵证据补正的若干操作问题研究》，载《现代法学》2012 年第 2 期。

还应当追究相关人员的法律责任。

2. 司法实践中的问题与解决思路

根据调研情况来看，司法实践中的瑕疵证据大多作为定案依据被采纳。检察机关或法院对证据瑕疵没有进行严格梳理和过滤，大量没有经过补救的证据直接进入审判阶段，最后作为定案的依据。审查起诉阶段，检察机关要求侦查机关补救的瑕疵证据仅占瑕疵证据数的7%。法庭审理阶段，法院要求控方补救瑕疵证据的比率也仅有7. 5%。补救措施和理由普遍并不完善的情况下，除极个别情形被排除，控方补救的93. 2%的瑕疵证据最终都被采纳作为定案的依据。对于瑕疵证据的宽容导致瑕疵证据补救程序与审查程序虚置，难以对侦查机关取证行为产生足够的威慑力，不利于提高审判质量，增强司法公信力。在我国排除非法证据还步履维艰的现状下，期望瑕疵证据补救功能一步到位也不现实。但如果不落实补救后瑕疵证据的处置，瑕疵证据规则确立的功能难以实现。因此，要让瑕疵证据审查的两道防线真正发挥作用，需要从以下几个方面着手：

（1）从观念上强化对瑕疵证据制度的理解

尽管瑕疵证据大多是违反技术性或手续性程序规则的后果，一般不会直接造成证据事实的错误，形成冤假错案，但仍然有潜在的错误风险。法院通过责令控方进行必要的程序补救，可以消除人们对证据真实性的怀疑，避免可能不真实、不可靠的证据成为法院定案的根据。同时，责令办案人员对瑕疵证据补救本身带有程序性制裁的性质，有助于遏制侦查机关及其人员的违法取证行为。瑕疵证据产生的直接原因是侦查机关不规范取证、违法取证。侦查人员头脑中只要能够破案，证据有点瑕疵也无妨的观念，导致侦查人员取证不规范、违法取证现象频现，同时也导致对于检察机关、法院提出的补救要求，侦查机关不积极，往往以情况说明的方式告知无法补正。由于我国三机关互相配合与互相制约权力格局之限制，审判中心主义尚未完全落实，面对这些“夹生”的证据，法院还必须想办法将其做成“熟饭”，因而只能对这些未能补救或补救不完善的瑕疵证据“睁一只眼闭一只眼”。若大量未经补救的瑕疵证据直接进入审判并作为定案依据，立法所规定的补救规则会被虚置，通过审查起诉、审判来遏制侦查人员违法取证、不规范取证的良好愿望便会落空。所以，要从观念层面上引导侦查人员、检察人员、法官充分认识到瑕疵证据的危害性，将侦查取证的规范化作为对侦查人员的工作考核内容；同时要让检察官、法官充分认识到瑕疵证据审查的价值，敢于并善于运用瑕疵证据规则规范侦查取证行为。

（2）从制度上完善瑕疵证据补救的审查程序

首先，应当明确瑕疵证据补救的证明标准。为了防止瑕疵的泛化，为了防止补救后不具备证据资格的瑕疵证据仍然可以作为定案依据，必须明确瑕疵证据补救的证明标准。瑕疵证据最终能否采用取决于补正和合理解释后达到的证明程度。《刑事诉讼法》第53条明确规定认定案件事实必须达到证据确实、充分，且对确实充分的具体内容作出规定，要求综合全案证据，对所认定的事实依据排除合理怀疑。然而，瑕疵证据的补救应当达到何种标准才能够被采信？是排除合理怀疑还是优势证明呢？瑕疵证据因其形式或取证技术的违法对证据真实性与可靠性产生影响，并让人们产生质疑，控方采取的补救措施要能达到消除瑕疵对证据真实性与可靠性产生的不良影响的程度。这一证明属于证据合法性问题的证明，属于程序性事项的证明。一般来说，程序性事项的证明标准要低于实体性事项，从国外立法来看，很多国家对证据合法性证明采用优势证明标准，考虑到司法实践的具体情况，公诉方对证据的合法性证明也难以达到确实充分。并且，瑕疵证据的补救程序本身是一种基于现实条件考虑的实用性选择，只要让法官相信通过补救，对证据可靠性产生的不良影响能够减弱或消除，或者公诉人对瑕疵出现的原因能作出令人较为信服的解释，达到合理的程度，让法官对瑕疵证据的真实性疑虑打消，那么该证据瑕疵的补救即达到证明标准，具备了进入诉讼的证据资格，可以作为定案依据。

其次，应当保障辩护方的有效参与。公诉方针对瑕疵证据的补正与合理解释能否被法官采纳，与被告人的合法权益密切相关。因此瑕疵证据的审查应当保障被告人和辩护人的有效参与，享有对瑕疵证据补正或解释说明的质证权。该权利的实现需要相应的制度与程序保障，否则导致控辩失衡。王朝案件中，对于控方证据中的诸多瑕疵，辩方提出了质疑，引起诸多合理怀疑，但辩护人的意见却未得到审判者的重视，导致整个事实认定产生偏差。保障瑕疵证据审查中辩护方的有效参与的关键，在于对有争议的证人笔录、勘验笔录等，应当由相关的证人、侦查人员、见证人出庭作证，接受辩护方的质证。在我国刑事诉讼中，证人不出庭作证已经成为了顽疾，更别说侦查人员、见证人。但为了实现法院在瑕疵证据补救的审查中实现“兼听则明”，至少应当落实对有争议的瑕疵证据的当庭质证。

再次，应当规范法官对瑕疵证据的审查程序。法官是作出最终裁判的主体，排除瑕疵证据可能会放纵犯罪，与社会公众、尤其是被害人对法院的期待相背离；若不舍弃瑕疵证据又违背程序正义的要求。在两难的情况下，法院只能寄希望于控方对瑕疵证据进行补正、解释或说明，并期望这些补救能使瑕疵在违法性上无害，使该证据真实性与可靠性能够被认证。鉴于此，需要从程序角度对法官的认证活动予以规范，即法官审查瑕疵证据时，一方面要重视辩护方有效参与权和质证权的保障，另一方面对瑕疵证据补救是否达到证明标准严格把握，应当明确规定是否采纳及理由在判决书中应充分阐述，并向双方公开。针对法官的认定，辩护方不服应当赋予其上诉的权利。鉴于基层法院对瑕疵证据不够重视，很少进行瑕疵证据的审查。可以考虑通过二审法院对上诉案件中出现的瑕疵证据问题严格审查，及时向下级法院指出来并要求其进行纠正，必要时可将案件发回重审。总之，通过这些方式促使下级法院重视瑕疵证据的审查。

(3) 从根本上减少瑕疵证据——规范侦查取证

瑕疵证据源于刑事侦查取证、证据固定与管理中的种种不规范问题，要探索减少证据瑕疵的路径，防范瑕疵证据制度带来的风险，根本在于规范侦查机关及人员的侦查取证行为。我国目前刑事诉讼体制中，侦查阶段是诉讼的重心，起诉与庭审都依赖侦查取证情况。因此增强侦查人员证据意识，提高侦查人员的取证能力，加强侦查机关取证管理水平已被提上重要议程。

首先，应当完善和落实取证、证据固定与管理规则。需要认识到，侦查机关在司法实践中完全遵循规则是不现实的，侦查机关在忠于法律和开放性之间，更加倾向于开放性，因为侦查活动的主动性要求其拥有较大的自由裁量权，便于在侦查取证中保持灵活性和适应性。同时，侦查活动又必须在刑事诉讼法治的既定轨道中，恪守法律规范，接受法律调整，否则容易造成权力滥用和对公民权利的侵害。瑕疵证据可以作为我国刑事诉讼证据制度的一种探索，来评估我国取证、质证和认证活动中的不规范。这需要确立取证、证据固定与管理行为的标准和底线，将瑕疵降到最低。为此，一方面，要完善侦查取证的实施细则和侦查人员行为守则。目前我国刑事诉讼法规定的比较原则，办案规则也不完善，一切以破案为中心，而忽视了对相应证据的固定、管理。我国刑事诉讼事实认定中非常重视书面证言和一系列笔录，但书面证言和相关笔录制作的不规范和简单并没有引起重视，尤其是侦查部门的重视。对书面证据的强烈需求与书面证言制作中诸多的瑕疵之间产生了极大的冲突和矛盾，瑕疵证据的规定是一种平衡该矛盾冲突的尝试，而这种尝试需要建立在对瑕疵的准确界定与划分上。明确划分标准和依据，就需要一系列制度和规则的构建，包括细化取证的方式和程序，减少不必要的瑕疵，避免可以避免的瑕疵，提升取证的规范化程度。另一方面，要确保制定的相关实施细则和行为守则在刑事侦查活动中得到贯彻和落实。比如，1998 年公安部制定了《公安机关办理刑事案件程序规定》；2005 年，公安部修订了《公安部刑事案件现场勘查规则》，并出台了《公安机关刑事案件现场勘验检查规则》；2005年公安部制定了《公安机关办理伤害案件规定》。这些规定主要内容是规范侦查人员的取证行为，然而司法实践中，层出不穷的证据瑕疵说明了这些纸面上的规定还未真正地被执行，还需要侦查机关采取有力措施保障这些规范成为有效规范侦查人员调查取证的行为准则。

其次，应当提高侦查人员素质，加强行业自律，推动刑事警察的职业化发展。侦查取证质量取决于侦查人员的职业素质。当前刑事侦查队伍中，公安院校毕业的仅占少数，大部分来自非公安院校，对刑事侦查技术知识和取证规范的了解比较有限，有的甚至是空白。而刑事侦查需要侦查人员既要熟悉和精通犯罪现场勘查，又要掌握痕迹学、病理学、毒物学、法医学、摄像摄影等知识和技术。瑕疵证据的出现除了同侦查人员的主观意识相关，也同侦查人员职业技能不足有关。要减少瑕疵证据需要从根本上提高侦查人员的职业素质，一方面要自上而下重视刑事侦查人员职业素质与技能的提高，将专业培训与侦查业务能力考核作为考核的内容，从经费上给予支持。另一方面各地侦查机关要从侦查实践的需要出发，采取各种措施，开展形式多样的培训，包括分期分批送往公安院校进行短期培训，组织刑侦技术人员讲课、聘请专家学者讲座，提高侦查人员技术能力。

最后，提高侦查人员个人素质的同时，要从整体上推动刑事警察的职业化发展，将自律和他律结合起来，促进取证的规范化。他律是外部的监督，主要是检察机关的监督和法院对证据的审查；自律是侦查机关选拔、培训侦查人员和规范侦查取证活动的内部规范与要求。有研究表明，与法院判决相比，警察系统自己制定的规范能够对警察个体的行为方式产生更大的影响。[①] 我国侦查阶段具有

---

① 陈卫东等：《规范取证行为、遏制刑讯逼供警察培训手册》，北京大学出版社2008年版，第78页。

封闭性的特征，制约违法取证行为难以通过当事人申请救济的方式进行，更需要侦查机关和侦查人员的自律。其中，高质量的管理和持续的改进是减少证据瑕疵的最有效途径和核心。在推动刑事警察职业化发展过程中，借鉴英国《1984 年警察与刑事证据法》“要求负责警务的部长制定行为准则，对拘留的各方面内容提出详细的要求、建议和指南，并且定期审查与更新”的规定[①]，鼓励侦查机关定期检查侦查人员的取证行为和程序，并从错误、判决、反馈、研究、学术建议中总结经验教训；鼓励侦查机关设定目标和标准、设立业绩指标，作为衡量成绩的基准，为各级警察提供充分的、相关的一般培训和专门培训。

在所有个案中，清晰和毫不含糊的规则应当实施到位，而且执法人员在日常工作中应遵守这些规则。程序性规则必须靠有效的监督和对违规行为的制裁来支持。[②] 我国虽然在 1999 年制定了《公安机关人民警察执法过错责任追究规定》，该规定第 6 条第 2 项明确了取证中的执法过错责任追究范围，即“在办案中弄虚作假、逼供、骗供、诱供、逼取证人证言的，或者因为在勘验、检查、鉴定中出现重大失误、疏漏而造成案件错误处理的；”但在现实中，因违反此款规定而受到制裁的情况极少。这就需要进一步完善造成瑕疵证据的违法行为的责任追究制度，通过这些方式将取证规则内化为侦查人员自觉遵守的准则，通过推动刑事警察职业化发展，提高侦查人员职业素质，为规范取证奠定基础，从而减少证据瑕疵。

---

① 陈卫东等:《规范取证行为、遏制刑讯逼供警察培训手册》，北京大学出版社 2008 年版，第 78 页。

② 陈卫东等:《规范取证行为、遏制刑讯逼供警察培训手册》，北京大学出版社 2008 年版，第 106 页。

代结语：瑕疵证据规则何去何从?

从实证观察的结论看，瑕疵证据规则的运行并不理想：侦查阶段，侦查人员违反程序取证，导致瑕疵证据大量存在，有70.8%的案件或多或少地存在瑕疵证据；审查起诉阶段，检察人员未能严格审查瑕疵证据，要求侦查机关补救的瑕疵证据不足7%，未经补救的瑕疵证据仍然作为起诉的依据进入审判阶段；审判阶段，法院要求控方补救的瑕疵证据也仅占7.5%，控方补救的方式主要是通过“情况说明”作出解释，而且在控方补救瑕疵证据的措施和理由普遍并不完善的情况下，除极个别情形被排除，93.2%的补救后瑕疵证据最终都被采纳作为定案的依据。即使是出现上述现象，我们调研法院的案件并没出现大量的错案，也没有明显地影响案件的审判结果。

依据立法意图，案件出现瑕疵证据必须进行补正或作出合理解释，否则不能作为定案依据，没有赋予检察官或法官自由裁量权。调研结果显示，无论是检察官还是法官在要求侦查人员对瑕疵证据补救前，都运用自由裁量权预先进行一定的审查，认为可能影响案件事实的瑕疵要求补救，其余瑕疵便置之不理。既然对瑕疵证据进行补救既浪费诉讼资源，又造成诉讼拖延，而且瑕疵证据的适用也不会对案件结果形成实质性的影响，为什么不可以赋予法官一定的自由裁量权，由法官选择哪些瑕疵证据可以不经补救后适用，哪些应当在补救后再适用？这涉及瑕疵证据有无补救的必要，以及瑕疵证据规则是否有存在必要的疑问。

我们认为，瑕疵证据本身就是一种妥协的产物，对瑕疵证据进行补救，可以让公诉方的证据即使在取证方式不规范的情况下也有可能被采纳为定案的根据。如果再退让，赋予法官自由裁量权对瑕疵证据是否补救进行权衡，一旦这种裁量权被无限扩大，在我国现有三机关互相配合的格局下，难以起到遏制侦查人员违法取证行为，瑕疵证据的数量还会增加。虽然严格要求各方执行瑕疵证据规则，短时间内可能会加大法官的工作量，加重法院的压力，增加控方的负担，但实行一段时间后，公、检、法三机关均对瑕疵证据予以关注与重视，尤其是侦查机关的取证活动遵守规范，这种压力会有所缓解，最终减少甚至杜绝瑕疵证据的出现。所以，短期内瑕疵证据补救规则还是有存在必要的。但是瑕疵证据存在最主要的方式是出现在笔录记载上的瑕疵，这和我国笔录证据大量存在有着密切的联系。一旦我国由文书中心主义向人证中心主义转变，强化庭审功能，要求重要证人出庭作证，瑕疵证据补救规则便可以真正地退出历史舞台。

参考文献

一、著作类（按出版时间排序）

1. 龚祥瑞：《西方国家司法制度》，北京大学出版社 1988 年版。

2. 卞建林：《美国联邦刑事诉讼规则和证据规则》，中国政法大学出版社 1996 年版。

3. 陈瑞华：《刑事审判原理》，北京大学出版社 1997 年版。

4. 龙宗智：《相对合理主义》，中国政法大学出版社 1999 年版。

5. 徐京辉：《澳门刑事诉讼法》，澳门基金会 1999 年版。

6. 孙长永：《侦查程序与人权——比较法考察》，中国方正出版社 2000 年版。

7. 陈云生：《反酷刑——当代中国的法制和人权保护》，社会科学文献出版社 2000 年版。

8. 刘善春、毕玉谦、郑旭：《诉讼证据规则研究》，中国法制出版社 2000 年版。

9. 杨宇冠：《非法证据排除规则研究》，中国人民公安大学出版社 2002 年版。

10. 宋英辉、吴宏耀：《刑事审判前程序研究》，中国政法大学出版社 2002 年版。

11. 吴宏耀、魏晓娜：《诉讼证明原理》，法律出版社 2002 年版。

12. 梁玉霞：《论刑事诉讼方式的正当性》，中国法制出版社2002年版。

13. 王进喜：《刑事证人证言论》，中国人民公安大学出版社2002年版。

14. 《现代汉语词典》，吉林大学出版社2003年版。

15. 何家弘：《外国证据法》，法律出版社2003年版。

16. 宋英辉主编：《刑事诉讼原理》，法律出版社2003年版。

17. 顾培东：《社会冲突与诉讼机制》，法律出版社2004年版。

18. 陈光中主编：《21世纪域外刑事诉讼立法最新发展》，中国政法大学出版社2004年版。

19. 徐静村主编：《中国〈刑事诉讼法〉第二修正案学者拟制稿及立法理由》，法律出版社2005年版。

20. 孙笑侠：《程序的法理》，商务印书馆2005年版。

21. 陈瑞华：《程序性制裁理论》，中国法制出版社2005年版。

22. 张智辉：《刑事非法证据排除规则研究》，北京大学出版社2006年版。

23. 孙远：《刑事证据能力导论》，人民法院出版社2007年版。

24. 熊志海：《英国成文证据法》，中国法制出版社2007年版。

25. 秦宗文：《自由心证研究——以刑事诉讼为中心》，法律出版社2007年版。

26. 陈卫东等：《规范取证行为、遏制刑讯逼供警察培训手册》，北京大学出版社2008年版。

27. 郎胜主编：《刑事辩护与非法证据排除》，北京大学出版社2008年版。

28. 李征：《中国检察权研究》，中国检察出版社2008年版。

29. 汪海燕：《我国刑事诉讼模式的选择》，北京大学出版社2008年版。

30. 冯军：《刑事判决的合法性研究——在政治社会学语境中的分析》，中国法制出版社2008年版。

31. 郑旭：《非法证据排除规则》，中国法制出版社 2009 年版。

32. 林喜芬：《非法证据排除规则：话语解魅与制度构筑》，中国人民公安大学出版社 2009 年版。

33. 夏红：《无效刑事诉讼行为研究》，中国人民公安大学出版社 2009 年版。

34. 徐美君：《侦查权的运行与控制》，法律出版社 2009 年版。

35. 宋英辉：《法律实证研究方法》，北京大学出版社 2009 年版。

36. 左卫民：《刑事诉讼中的中国图景》，生活·读书·新知三联书店 2010 年版。

37. 陈瑞华：《刑事诉讼的中国模式》，法律出版社 2010 年版。

38. 陈瑞华：《比较刑事诉讼法》，中国人民大学出版社 2010 年版。

39. 张军主编：《刑事证据规则理解与适用》，法律出版社 2010 年版。

40. 杨迎泽、张红梅主编：《刑事证据适用指南——以两个〈规定〉为中心》，中国检察出版社 2010 年版。

41. 徐阳：《权力规范与权力技术》，法律出版社 2010 年版。

42. 李奋飞：《程序合法性研究》，法律出版社 2011 年版。

43. 房保国：《刑事证据规则实证研究》，中国人民大学出版社 2010 年版。

44. 龙宗智主编：《中国刑事证据规则研究》，中国检察出版社 2011 年版。

45. 王佳：《刑事辨认的原理与规制》，北京大学出版社 2011 年版。

46. 吴光升：《刑事诉讼程序的人性分析》，中国人民公安大学出版社 2011 年版。

47. 程龙：《法哲学视野中的程序正义》，社会科学文献出版社 2011 年版。

48. 周长军等：《刑事裁量权规制的实证研究》，中国法制出版社2011年版。

49. 崔敏主编：《刑讯考论——历史 现状 未来》，中国人民公安大学出版社2011年版。

50. 赵琳琳：《刑事冤案问题研究》，中国法制出版社2012年版。

51. 印波：《刑事诉讼行为瑕疵的程序性后果：一项统一、科学的理论》，中国人民公安大学出版社2012年版。

52. 左卫民：《中国刑事诉讼运行机制实证研究（五）——以一审程序为侧重点》，法律出版社2012年版。

53. 孙谦主编：《〈人民检察院刑事诉讼规则（试行）〉理解与适用》，中国检察出版社2012年版。

54. 张军、江必新主编：《新刑事诉讼法及司法解释适用解答》，人民法院出版社2013年版。

55. 刘练军：《司法要论》，中国政法大学出版社2013年版。

56. 李学灯：《证据法比较研究》，台湾五南图书出版公司1992年版。

57. 林钰雄：《检察官论》，台湾学林文化事业有限公司1999年版。

58. 王兆鹏：《美国刑事诉讼法》，北京大学出版社2005年版。

59. 王兆鹏：《新刑诉·新思维》，台湾元照出版公司2005年版。

60. 林钰雄：《刑事诉讼法》（上册），中国人民大学出版社2005年版。

61. 蔡墩铭：《刑事诉讼法概要》（增订五版），台湾三民书局股份有限公司2005年版。

62. 林辉煌：《论证据排除——美国法之理论与实务》，北京大学出版社2006年版。

63. 林钰雄：《严格证明与刑事证据》，法律出版社2008年版。

64. 林俊益：《刑事诉讼法概论》（上），台湾新学林出版股份有限公司 2009 年版。

65. ［美］乔恩·R. 华尔兹：《刑事证据大全》，何家弘等译，中国人民公安大学出版社 1993 年版。

66. ［美］E·博登海默：《法理学——法律哲学与法律方法》，邓正来译，中国政法大学出版社 1999 年版。

67. ［美］理查德·A. 波斯纳：《超越法律》，苏办译，中国人民公安大学出版社 2001 年版。

68. ［美］理查德·A. 波斯纳：《证据法的经济分析》，徐昕、徐昀译，中国法制出版社 2001 年版。

69. ［美］约翰·罗尔斯：《正义论》，何怀宏等译，中国社会科学出版社 2003 年版。

70. ［美］麦考密克等：《麦考密克论证据》（第五版），汤维建等译，中国政法大学出版社 2004 年版。

71. ［美］米尔吉安·R. 达马斯卡：《比较法视野中的证据制度》，吴宏耀等译，中国人民公安大学出版社 2006 年版。

72. ［美］罗纳德·J. 艾伦等：《证据法：文本、问题和案例》，张保生等译，高等教育出版社 2006 年版。

73. ［美］汉斯·采泽而、戴维·凯：《用数字证明——法律和诉讼中的实证方法》，黄向阳译，中国人民大学出版社 2008 年版。

74. ［美］约书亚·德雷斯勒等：《美国刑事诉讼法精解（第一卷：刑事侦查）》，吴宏辉译，北京大学出版社 2009 年版。

75. ［美］克格雷·布拉德利：《刑事诉讼革命的失败》，郑旭译，北京大学出版社 2009 年版。

76. ［美］约翰·N. 卓贝克：《规范与法律》，杨晓楠、涂永前译，北京大学出版社 2011 年版。

77. ［英］麦高伟：《英国刑事诉讼法》，姚永吉译，中国政法大学出版社 2001 年版。

78. ［英］威廉·韦德：《行政法》，徐炳等译，中国大百科全书出版社 1997 年版。

79. ［德］卡尔·拉伦茨：《法学方法论》，陈爱娥译，商务印书馆 2003 年版。

80. ［德］马克斯·韦伯：《论经济与社会中的法律》，张乃根译，中国大百科全书出版社 1998 年版。

81. ［德］克劳思·罗科信：《刑事诉讼法》，吴丽琪译，法律出版社 2003 年版。

82. ［德］托马斯·魏根特：《德国刑事诉讼程序》，岳礼玲、温小洁译，中国政法大学出版社 2004 年版。

83. ［德］弗兰茨·冯·李斯特：《德国刑法教科书》，徐久升译，法律出版社 2000 年版。

84. ［日］高田卓尔：《刑事诉讼法》（改订版），青林书院新社株式会社 1978 年版。

85. ［日］土本武司：《日本刑事诉讼法要义》，董璠兴译，台湾五南图书出版公司 1998 年版。

86. ［日］田口守一：《刑事诉讼法》，刘迪等译，法律出版社 2000 年版，第 242 页。

87. ［俄］k. R. 古岑科：《俄罗斯联邦刑事诉讼法》，黄道秀等译，中国人民公安大学出版社 2007 年版。

二、论文类（按发表时间排序）

1. 戴福康：《对刑事诉讼证据质和量的探讨》，载《法学研究》1988 年第 4 期。

2. 张桂勇：《论对非法证据的排除》，载《中国人民大学学报》1995 年第 6 期。

3. 傅宽芝：《违法证据的排除与防范比较研究》，载《外国法译评》1997 年第 1 期。

4. 熊秋红：《英国刑事诉讼中对非法获得的证据处理之评析》，

载《中央检察官管理学院学报》1997 年第 2 期。

5. 简布礼、余向阳:《非法证据效力的矛盾冲突与协调》,载《中央政法管理干部学院学报》1997 年第 6 期。

6. 申夫、石英:《刑事诉讼中“瑕疵证据”的法律效力探讨》,载《法学评论》1998 年第 5 期。

7. 金牛研:《论瑕疵证据的证明力》,载《检察日报》2000 年 8 月 21 日第 3 版。

8. 谢鹏程:《论检察权的性质》,载《法学》2000 年第 2 期。

9. 宋世杰、陈果:《论非法证据排除规则》,载何家弘主编:《证据学论坛》(第二卷),中国检察出版社 2001 年版。

10. 郝银钟、付良英:《论公诉权的制度诱因与价值基础》,载《中国人民大学学报》2001 年第 1 期。

11. 许江涛:《试论刑事诉讼中的瑕疵证据》,载《洛阳师范学院学报》2002 年第 4 期。

12. 李云昭:《对公安刑事执法中违反诉讼程序现状探析》,载《云南公安高等专科学校学报》2002 年第 4 期。

13. 韩大元、刘松山:《论我国检察机关的宪法地位》,载《中国人民大学学报》2002 年第 5 期。

14. 黄海威、朱东进:《瑕疵证据的证据能力》,载《杭州商学院学报》2003 年第 4 期。

15. 陈卫东、程雷:《对警察刑事执法实践中若干问题的实证分析》,载《中国人民公安大学学报》2004 年第 1 期。

16. 陈为明:《案发经过不应当作证据使用》,载《中国刑事法杂志》2004 年第 4 期。

17. 杨玲:《试论刑事诉讼瑕疵证据及其证明力》,载《西南政法大学学报》2005 年第 2 期。

18. 李明:《对非法证据排除规则的认识误区》,载《贵州民族学院学报(哲社版)》2006 年第 2 期。

19. 吴丹红:《非法证据排除规则的实证研究——以法院处理

刑讯逼供辩护为例》，载《现代法学》2006 年第 4 期。

20. 施燕华：《论刑事诉讼中瑕疵证据的转化》，上海交通大学 2007 年硕士学位论文。

21. 朱蓓莉：《侦查取证的缺陷及其矫正》，载《上海公安高等专科学校学报》2007 年第 2 期。

22. 万毅：《非法证据排除规则若干操作问题研究》，载《中国刑事法杂志》2007 年第 3 期。

23. 黄维智：《刑事案件中情况说明的适当定位》，载《法学》2007 年第 7 期。

24. 左卫民：《中国刑事案卷制度研究——以证据案卷为重心》，载《法学研究》2007 年第 6 期。

25. 韩旭：《刑事诉讼中不规范证据的处理》，载《成都大学学报（社科版）》2008 年第 2 期。

26. 杜宝庆：《刑事司法价值观透视——实体真实与正当法律程序的法律分析》，载《学术交流》2008 年第 3 期。

27. 韩旭：《排除规则中的非法证据——一个亟待重塑的概念》，载《贵州民族学院学报》2008 年第 4 期。

28. 张少林：《刑事案件中的情况说明之我见——与黄维智博士商榷》，载《贵州警官职业学院学报》2008 年第 5 期。

29. 吴月丹、陈宝琨：《对瑕疵证据不能一刀切》，载《检察日报》2009 年 7 月 13 日第 003 版。

30. 林喜芬：《非法实物证据的排除模式：利益权衡与客观化基准》，载《犯罪研究》2009 年第 1 期。

31. 李春刚、王凯：《办案情况说明的证据学思考》，载《证据科学》2009 年第 2 期。

32. 寇松娜、龙腾云：《“办案情况说明”证据能力探讨》，载《福建警察学院学报》2009 年第 3 期。

33. 任华哲、郭寅颖：《论刑事诉讼中的瑕疵证据》，载《法学评论》2009 年第 4 期。

34. 龙宗智：《中国法语境中的检察官客观义务》，载《法学研究》2009 年第 4 期。

35. 易赛洋：《刑事瑕疵证据规则研究》，西南政法大学 2010 年硕士学位论文。

36. 梁恒：《案发经过：证据维度下的改革走向》，载《贵州警官职业学院学报》2010 年第 1 期。

37. 吕广伦等：《关于办理刑事案件排除非法证据若干问题的规定理解与运用》，载《人民检察》2010 年第 16 期。

38. 陈光中：《刑事证据制度改革若干理论与实践问题之探讨》，载《中国法学》2010 年第 6 期。

39. 龙宗智：《两个证据规定的规范与执行若干问题研究》，载《中国法学》2010 年第 6 期。

40. 周维平、马明亮：《论"办案说明"在刑事审判中的运用——以刑事判决书为样本的考察》，载《全国法院系统第二十二届学术讨论会论文集》（福建，2011 年 1 月）。

41. 曹广宇：《刑事诉讼中的情况说明实证研究》，西南政法大学 2011 年硕士学位论文。

42. 朱玉光：《刑事审判向侦诉工作延伸的几点思考——以贯彻执行"两个证据规定"为切入点》，载《山东审判》2011 年第 2 期。

43. 于书生：《笔录证据运用的过量与适量》，载《法治论丛》2011 年第 2 期。

44. 丁娟：《非法与瑕疵：证据排除的新适用》，载《浙江工业大学学报（社会科学版）》2011 年第 3 期。

45. 韩大元、于文豪：《法院、检察院和公安机关的宪法关系》，载《法学研究》2011 年第 3 期。

46. 吴杨泽：《刑事诉讼中瑕疵证据的运用》，载《人民检察》2011 年第 11 期。

47. 万毅：《论瑕疵证据——以"两个证据规定"为分析对

象》，载《法商研究》2011 年第 5 期。

48. 许建丽、王艳萍：《论刑事瑕疵证据补正规则的完善》，载《江西社会科学》2011 年第 9 期。

49. 王艳萍：《刑事瑕疵证据补正规则研究》，华东政法学院 2011 年硕士学位论文。

50. 牟绿叶：《论可补正的排除规则》，载《中国刑事法杂志》2011 年第 9 期。

51. 万毅：《全国首例非法证据排除案法理研判》，载《证据科学》2011 年第 6 期。

52. 李革明、李强：《我国刑事辨认制度的改革完善》，载《人民检察》2010 年第 6 期。

53. 王丹：《情况说明的证据越位——对〈非法证据排除规定〉第七条第三款的检讨》，载《人大研究》2011 年第 6 期。

54. 陈瑞华：《论瑕疵证据补正规则》，载《法学家》2012 年第 2 期。

55. 夏红、龚云飞：《合法与非法之间——以两个规定对瑕疵证据的立场为切入点》，载《中国刑事法杂志》2012 年第 3 期。

56. 纵博：《刑事诉讼中瑕疵证据补正的若干操作问题研究》，载《现代法学》2012 年第 2 期。

57. 易承志：《优化法院审判管理的新思考》，载《理论探索》2012 年第 5 期。

58. 李红辉：《检察机关排除非法证据的法理分析》，载《中国刑事法杂志》2012 年第 5 期。

59. 周欣、马英川：《论刑事诉讼中瑕疵证据的概念与特征》，载《法学杂志》2012 年第 11 期。

60. 王秀哲：《宪法文本中的检察权》，载《浙江工商大学学报》2012 年第 6 期。

61. 邓陕峡：《我国刑事笔录类证据制度探析》，载《证据科学》2013 年第 1 期。

62. 刘广三、马云雪:《瑕疵证据补正之探析》，载《中国刑事法杂志》2013 年第 3 期。

63. 胡忠惠:《侦查阶段瑕疵证据问题探讨》，载《理论探索》2013 年第 4 期。

64. 戴长林:《非法证据排除规则司法适用疑难问题研究》，载《人民司法（应用）》2013 年第 9 期。

65. 胡忠惠:《刑事瑕疵证据的文本分析》，载《人民检察》2013 年第 13 期。

66. 陆久斌:《案发经过之忽略与校正》，载中国法院网，http://www.chinacourt.org/html/200704/06/241398. shtml。

67. 李丽静:《“赵作海的悲剧，再也不能发生”——对话河南省商丘市公安局局长许大刚》，载新华网山西频道，http://www. sx. xinhuanet.com/newscenter/2010-05/13/content_19779677.htm。

68. 沈国斐:《刑事个案证据问题及司法应对研究》，载中国法院网，http://www.chinacourt.org/public/detail.php? id=191174。

69. 刘仕杰:《浅析刑事诉讼中询问证人（被害人）的时间》，载 http://www.law-lib.com/lw/lw_view.asp? no=10764[2009-12-1]。

70. 黄芳、丁立辛:《王朝抢劫案公诉机关：原审证据程序均有瑕疵》，载新浪新闻，http://news.sina.com.cn/c/2011-09-09/101323131870.shtml。

71. 黄朝义:《论证据排除法则》，载朱朝亮等主编:《刑事诉讼之运作》，台湾五南图书出版公司 1997 年版。

72. 林辉煌:《发现真实与人权保障之实践与省思》，载《法令月刊》2010 年第 5 期。

73. 林金茎:《论证据裁判主义》，载荣华主编:《比较刑事证据各论》，台湾汉林出版社 1984 年版。

74. ［德］托马斯·魏根特:《刑事诉讼致力于真相么?》，吴宏耀译，载何家弘主编:《证据学论坛》（第十卷），中国检察出版社 2005 年版。

75. ［德］罗伯特·阿列克西：《论权衡与涵摄——从结构进行比较》，刘叶琛译，载《法哲学与法社会学论丛》2006 年第 2 期。

76. ［美］萨缪尔·格罗斯等：《论美国的无罪裁决》，刘静坤译，载《中国刑事法杂志》2006 年第 6 期。

77. ［美］布鲁斯·A. 格林、弗雷德·C. 扎卡瑞尔斯：《检察中立论》，徐静村、陈颖、詹勇译，载徐静村主编：《刑事诉讼前沿研究》（第六卷），中国检察出版社 2007 年版。

78. ［韩］Kuk Cho：《德国刑事司法中的程序性缺陷及其以人格权为基础的证据排除规则》，陈芳译，载卞建林主编：《诉讼法学研究》（第 14 卷），中国检察出版社 2008 年版。

三、外文资料

1. People v. Defore, 160N.E .(1926).

2. Mapp v. Ohio, 367.U.S.643(1961).

3. Adrian Zuckman, The Principles of Criminal Evidence, Clarendon Press, 1989.

4. Peter Murphy (ed.), Evidence, Proof, and Facts: A Book of Sources, Oxford University Press, 2003, at 61.

5. Kenneth S. Broun, Robert P. Mosteller, Paul C. Giannelli, Evidence: Cases and Materials, 7th ed., West Group, 2007.

6. Adrian Keane, The Modern Law of Evidence, 7th ed., Oxford University Press, 2008.

后　　记

大学毕业之初在法院“业大”从事以解释法学为主的教学工作，几年后转入审判庭审理案件，尤其是刑事审判时间较长。十年前又回头进入高校从事刑事法的教学科研工作，近年来又以兼职律师的身份介入刑事案件的辩护，借此希望不会脱离司法实践太远。或许是由于这种游走于实务与科研教学的经历，又或许是本人对于驾驭纯理论及完全形而上的主题缺乏自信，本人所谓学术活动的焦点始终未曾离开司法实务问题的范畴。

好在很容易为自己的这种学术偏好找到支持的理由：法学是以解决实际问题为目标的实证科学，中国的法学研究是要解决中国司法进程中的实际问题的。法律离不开实际运作，法律的运作过程，本质上是不断解释法律、验证法律，修正法律的过程。司法实践是将纸上抽象的法律，变成实际运作中解决矛盾纠纷具体法律的过程。而证据问题在查明案件事实过程中的核心作用是不言而喻的。基于审判实务的切身体会，本人多年以来对证据问题，特别是刑事诉讼中的证据问题投入了相当程度的关注，2010 年两高三部出台“两个证据规定”后，又产生对瑕疵证据规则具体运行状态实证研究的兴趣，本书便是其工作结果。

本书还是 2011 年度教育部人文社科规划基金项目的最终成果。课题组成员辛苦近三年，终于将书稿交付出版。本书的第四章、第六章由成都大学邓陕峡副教授撰写；其余部分由本人撰写，并统筹修改全书内容。课题组的其他成员，西南政法大学的李昌林教授、广东省东莞市第一人民法院政研室的李红辉主任和中国人民大学的庄乾龙博士都为课题的申报、调研和写作提供了大量的帮助与支持。课题在实证调研中，受到广东、甘肃、四川等省公检法机关诸位领导和同人的支持，在此深表感谢。作为课题组负责人，本人和课题组成员虽然尽了最大努力，但呈现给大家的仍然是不成熟的研究成果。由于能力有限，书中难免有偏疏纰漏之处，请批评指正。

胡忠惠

2014 年 2 月于烟台